陳建貢 編・李清華 譯

...文化出版社

〔序〕

《千字文》是中國舊時的蒙學課本，也是歷代書法家喜愛的書寫題材。

相傳，梁武帝嗜好王羲之書法，命大臣周興嗣編王書一千個字為文，於是撰成了四言韻語形式的敘述自然、社會、歷史、倫理和教育等知識的《千字文》。它具有多項啟蒙教學可以同時進行的特點，因此從隋代起就廣為流行，釋智永所寫的《真草千字文》就是大家熟悉的例子。後來，不僅我國有歐陽詢、褚遂良、張旭、懷素、宋徽宗趙佶、趙孟頫、文徵明和于右任等名家，還有日本江戶時代的卷菱湖、市河米庵，明治時代的日下部鳴鶴、小野鵝堂、村田海石，大正、昭和時代的中村春堂、吉田苞竹、石橋犀水、淺見喜舟等高手寫過書體和風格不一的《千字文》，真可謂一樹千花、美不勝收。

這本小冊子是筆者以喜聞樂見的《千字文》為題材，集編漢代簡牘而成的。研習書法必須追本溯源，必須了解秦漢。可惜，歷史上遺留下來的秦漢刻石，由於鑴刻和風雨侵蝕等原因，字跡多漫患失真，給我們帶來了種種困難。宋代書法家米芾曾說：『石刻不可學。但自書使人刻之，非己書也。故必須真跡觀之，乃得趣。』近百年來漢代簡牘大量出土，彌補了我們憑走形石刻去研習秦漢書法藝術的缺憾。漢代簡牘是我們迄今看到的最早而可靠的古人墨跡實物，其書體上承篆書遺意，隸、真、行、草諸體及各種筆法孕育咸備，率開後來諸體之先河，在中國書法史上占有重要地位；其書風率真古樸、

奇趣橫生，是古代無名氏藝術家對中國文字與書法的發展所作的卓越貢獻之一；對當代有志於創新的書法家來說，也必有豐富的啟迪作用。因而可以說，這本集字千字文不止是為一般的臨摹需要而編的。

書法離不開臨摹，藝術離不開傳統。但學習傳統書藝又絕不等於重複既有書作的面目。從簡牘墨跡已可看出，我國書法藝術的發展史就是一個不斷繼承和創新的過程。一個真正的藝術家必須在創新中發展，在不斷重新塑造自己的面目中求生。現代中國書壇，在很大程度上仍在固守傳統的十字街頭徘徊，其中雖有一些不甘當『書奴』的勇士在探索和創新，但卻很少有人能不被『傳統、法度』的汪洋波濤吞沒。其實，『法度』不過是前人在一定歷史階段中的創造，並不是一個固定的模式，也不存在絕對的限定因素。否則，既不會有千姿百態、別具情味的簡牘藝術，更不會有歐陽詢、顏真卿等一批推波助瀾、開一代新風的偉大書法家了。從這一點看，凡有建樹的書法藝術家均因各有『己法』而流芳百世。所謂前人之『法』，只能是幫助後人、啟迪新思維以創造新『法』的動力和基礎，而不應是套在後人手腳上的枷鎖。書者，必先散懷。用所謂『法度』為自己編排一套標準化的程序去從事書寫或創作的實踐，那將失去藝術情感，失去心靈世界，失去自我。這是藝術的悲哀。這就需要我們共同增強創造意識，決不能讓鄰邦書法家走在我們前面。

書法家想取得藝術探索的成功，必須擁有精神世界中探索和創新的自由空間，首先

應該讓心靈自由起來。我們知道，要破除『法』的標準化了的程序而達到心靈自由的境界，需要極大的勇氣和魄力；但為了中國書法藝術的發展和未來，這又是我們必須完成的歷史使命。我相信，我們這一代人是會創造出具有當今時代特徵的『法度』的。對此，我將作為後人的先人替我的先人講一句沒有說出的話：這絕不是為你們編排的又一程序！如果本書的面世能使同道們從先人的探索和創新中得到激勵和啟示，讓我為開創一代書風盡一點綿薄之力，那將是我最大的寬慰，也正合編集這本小冊子的真正目的。

本書在編排過程中，我所在單位西北電業職工大學的領導王力軍同志曾予大力支持；劉自檀先生在百忙中為本書題寫書名；上海書畫出版社徐敏同志在編務中付出辛勞；樂心龍先生始終關心本書的進展並提出了許多寶貴意見，值此付梓之際，特向諸位師友表示衷心的感謝。

由於編者才疏學淺，將簡牘文字集編成《千字文》又是一種新的嘗試，謬誤之處還望專家、廣大讀者不吝賜教，以便再版時修訂。

簡庵陳建貢於西安　一九九三年四月十六日

【序】

《千字文》은 옛날 中國의 書堂에서 敎本으로 썼으며 또한 歷代 書藝家들이 즐겨 써왔던 글이다.

전해오는 말에 의하면 梁武帝는 王羲之의 글씨를 매우 좋아해서 大臣 周興嗣에게 命하여 王羲之

글씨 1,000字로 글을 짓게 하였다. 그리하여 네글자가 한 구가 되게하여 自然、社會、歷史、倫

理 그리고 敎育 등에 관한 知識을 內容으로 《千字文》을 지었다 한다.

이 《千字文》은 여러 方面의 啓蒙과 敎育이 같이 敍述되어 있는 것이 特徵이라 할 수 있는데, 이

때문에 隋나라 때부터 광범위하게 流行되었다. 僧 智永이 쓴 《眞草千字文》은 사람들이 모두 잘 알

고 있는 代表的인 例이다.

뒤에와서 우리나라(中國)의 歐陽詢、褚遂良、張旭、懷素、宋徽宗 趙佶、趙孟頫、文徵明 그리고

于右任 등의 大家들 뿐만 아니라 日本 江戶시대의 卷菱湖、市河米庵과 明治시대의 日下部鳴鶴、小

野鵝堂、村田海石과 大正·昭和시대의 中村春堂、吉田苞竹、石橋犀水、淺見喜舟 등 수준 높은 書藝

家들도 各己 書體와 品格이 다르게 《千字文》을 썼다. 참으로 한 나무에 천송이 꽃이 달린 것처럼

헤아릴 수 없이 훌륭한 것이 많다고 할만하다.

이 책은 筆者가 즐겨 듣고 보는 《千字文》을 題材로 하고 漢代의 簡牘을 集字하여 펴낸 것이다.

書藝를 깊이 硏究하고 學習함에 있어 반드시 根本을 探究하는데 秦漢을 꼭 理解해야 할 것이다.

그러나 아쉽게도 歷史의 遺物로 남아 내려오는 秦漢의 刻石은 새기는 過程과 비바람에 의한 浸蝕

등의 원인으로 글자 형태가 많이 없어져 원래의 참모습을 잃어 버렸다. 이 때문에 우리에게 여러가

지 어려움을 주어 왔다.

宋代 書藝家 米芾은 일찍이 말하기를 「石刻은 배울게 못된다. 自身들이 썼다고 하나 사람을 시켜 刻을 했으니 진정 自己 글씨라 할 수 없는 것이다. 故로 그 眞迹을 보고서야 本然의 맛을 알 수 있다」라고 했다.

최근 100년 사이에 漢代의 簡牘이 大量으로 出土되어 우리들이 石刻에만 의존하여 秦漢의 書藝術을 探究하기에 불충분한 점을 補充하게 됐다.

漢代의 簡牘은 우리들이 지금에 이르기 까지 직접 볼 수 있는 가장 오래된 믿을만한 古人들의 墨迹이다. 그 書體는 篆意가 남아 있으며 隷·楷·行·草 등 여러 體와 各種 筆法이 胚胎되어 뒤에 나타나는 여러 書體의 嚆矢가 되었으며 中國 書藝史上 重要한 위치를 차지하고 있다.

그 書風은 眞率 古樸하고 奇妙한 情趣가 끊임없이 솟아 나온다. 古代의 이름없는 藝術家가 中國 文字와 書藝의 發展에 卓越한 貢獻을 한 것이다.

오늘날 새로운 書藝 創作에 뜻을 가진 作家에게 풍부한 資料를 提供해 줄 것이다. 따라서 이 集字 千字文은 一般書藝人들이 臨摹할 수 있게 펴낸 것이라 할 수 있다. 書藝는 臨摹를 떠날 수가 없는 것이며 藝術 또한 傳統을 떠날 수가 없는 것이다. 다만 전통書藝를 學習함에 과거의 것을 그대로 形態만을 똑같이 따라 써서는 안될 것이다.

우리나라(中國) 書藝術의 發展史는 끊임없이 繼承되고 새로운 創造를 거듭하는 하나의 過程이라는 것을 簡牘 墨迹을 통해 이미 느꼈을 것이다.

하나의 眞正한 藝術家는 반드시 創造하는데서 發展하고 不斷히 새로운 自身의 모습을 빚어내는데서 生命力을 얻게 되는 것이다. 近代의 中國 書壇은 아직도 傳統의 十字路에서 徘徊하고 있다. 그 가운데서 비록 一部 「書奴」를 달가와 하지 않는 용감한 書家들이 探索과 創新에 힘을 쏟고 있으나 아주 적은 몇몇이 能히 傳統과 法度라는 거대한 波涛에 빠지지 않는다.

사실 法度는 비록 先人들이 歷史的 과정을 거쳐 創造한 것이라고는 해도 반드시 하나의 固定된

표준樣式이라고 할 수 없고, 또한 절대적으로 制限된 요소가 있는 것도 아니다.

만약 그렇지 않다면 千姿百態의 독특한 멋을 가진 簡牘藝術이 있을 수가 없으며, 더욱이 歐陽詢、

顏眞卿 등 一代의 新風을 이룩한 大書藝家가 나타나지도 않았을 것이다.

이로 본다면 무릇 功績을 세운 書藝家는 各己 獨特한 法으로 해서 그 훌륭한 名聲을 後世에 전하

는 것이다. 이른바 先人들의 法이라는 것은 後人들로 하여금 새로운 思考를 啓發하고 새로운 法을

創造할 수 있는 있게 하는 原動力이 되고 土臺가 될지언정 後世 사람들의 손발을 묶는 칼과 족쇄

가 될 수가 없는 것이다.

書라 하는 것은 첫째가 自身의 感興을 表現하는 것인데 「法度」로 자기 스스로를 標準化된 프로그

램에 묶어 놓고 書寫하거나 創作하거나 하고 있다. 이러한 行爲는 결국 藝術性을 잃게 되고 精神世

界를 잃어 自我까지도 잃어버리게 된다. 이것이야 말로 藝術人의 悲哀가 아니고 무엇이겠는가?

여기에 우리는 반드시 모두가 創作意識을 높여 결코 이웃나라의 書藝家들이 우리를 앞지르지 못

하게 해야 할 것이다.

書藝家가 藝術性을 찾고자 한다면 探究와 創新을 위한 自由로운 精神世界가 반드시 필요한데, 먼

저 영혼을 自由롭게 해야 할 것이다.

法에 따라 표준화된 프로그램을 打破하고 靈魂을 自由롭게 하고자 한다면 아주 크나큰 勇氣와 鬪

志가 필요하다는 것을 우리는 알고 있다. 허나 이 일은 中國 書藝의 발전과 未來을 위해 우리가 꼭

이루어 내야 하는 歷史的 使命인 것이다.

나는 오늘날을 사는 우리만이 이 時代의 特徵을 가진 法度를 創出해 낼 수 있다고 믿는다.

그래서 나는 나의 先輩들이 밖으로 꺼내지 않은 말 한 마디를 그들을 대신해서 하는 後輩들의 先

輩가 되려하는 것이다. 이것은 결코 여러분을 脚色된 하나의 프로그램으로 만들려는 것이 아니다.

이 册이 發刊되어 같은 書藝의 길을 걷는 사람들로 하여금 先人들의 探究와 創新에서 격려와 啓示를 받을 수 있어 나의 微力한 힘이 한 時代의 書風을 振作시키는 契機가 된다면 크나큰 위안이 될 것이며, 또한 이 작은 册을 펴낸 意義와도 合致될 것이다.

이 册을 編集하는 과정에서 筆者가 속해있는 西北電業職工大學의 領導 王力軍 同志의 후원이 많았으며, 徐敏 同志는 편집에 노고를 아끼지 않았고 劉自檜 先生은 바쁜 중에서도 書名을 써 주었고 上海書畵出版社의 樂心龍 先生은 始終 관심을 가지고 貴한 의견을 내주셨다. 출판에 즈음하여 여러 師友에 衷心으로 感謝드린다.

編者의 識見이 모자라고 學問이 깊지 못한 탓으로 簡牘文字로 《千字文》 集編을 試圖한 이책의 잘못된 곳은 전문가의 가르침을 기다리고 있으며 독자 여러분의 기탄없는 지적을 받아 再版때 修訂하고자 한다.

西安에서 簡庵 陳 建 貢

簡牘隸草年字文

線員刀籤騂陵郢周興嗣次韻

簡牘·乙陳曦編集

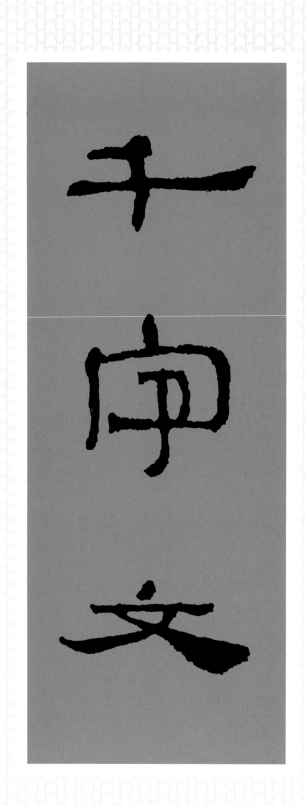

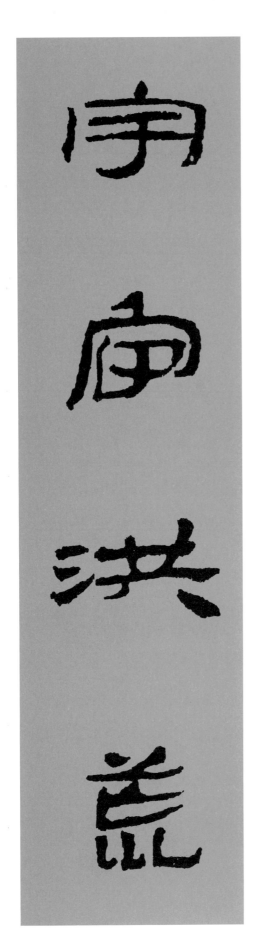

天地玄黃 宇宙洪荒　천지현황·우주홍황
하늘과 땅은 검고 누르며, 우주는 넓고 크다.

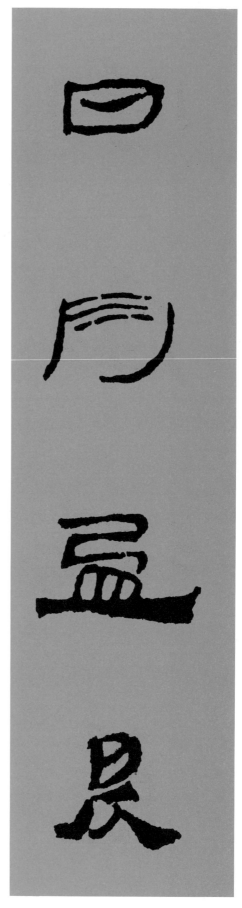

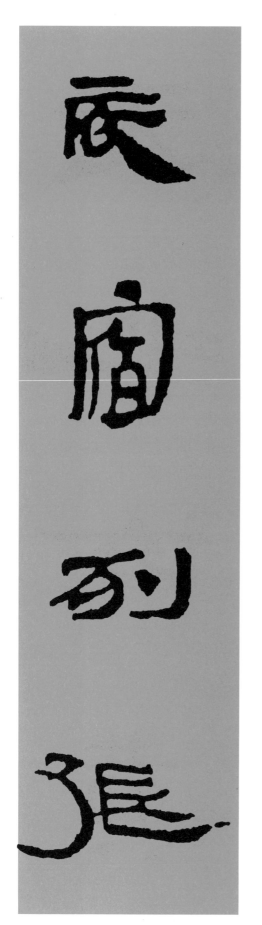

日月盈昃 辰宿列張 　일월영측 진숙렬장

해와 달은 차고 기울며, 별은 벌려 있다.

寒來暑往 秋收冬藏　한래서왕 추수동장

추위가 오면 더위는 가며, 가을에는 거두어들이고 겨울에는 갈무리한다.

律呂調陽

閏餘成歲

閏餘成歲 律呂調陽　윤여성세 율려조양
남는 윤날로 해를 완성하며, 음율로 음양을 조화시킨다.

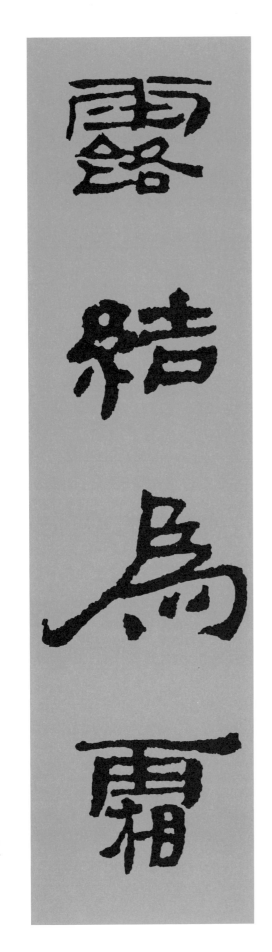

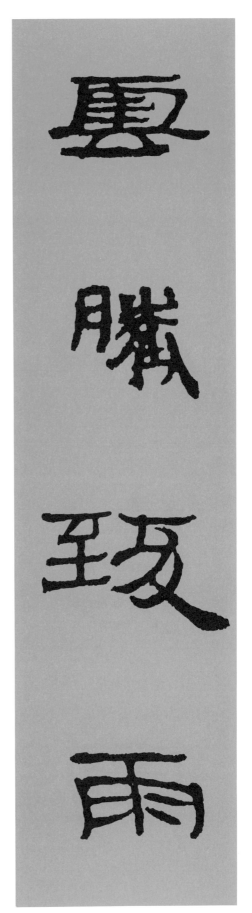

雲騰致雨 露結爲霜　운등치우 그결위상
구름이 날아 비가 되고, 이슬이 맺혀 서리가 된다.

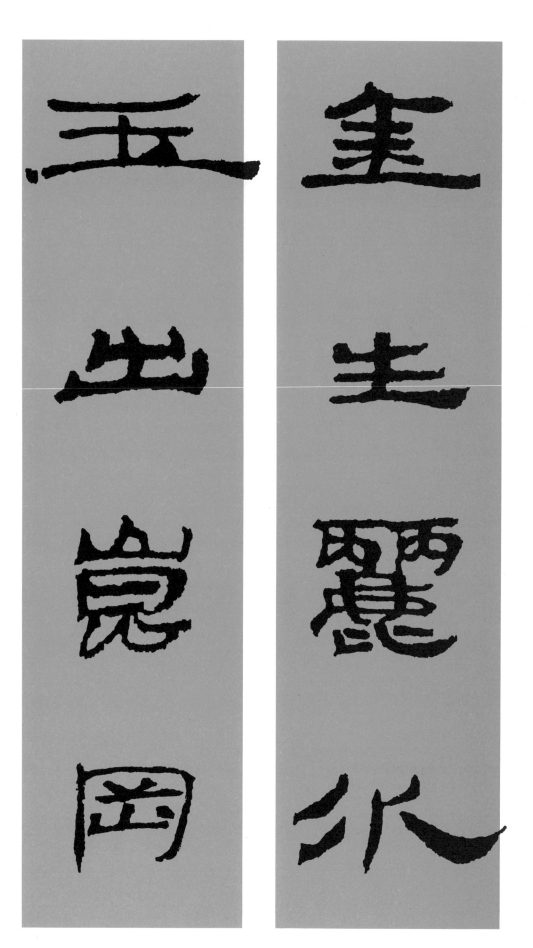

金生麗水 玉出崑崗　금생려수 옥출곤강
금(金)은 여수(麗水)에서 나고, 옥(玉)은 곤륜산(崑崙山)에서 난다.

劍號巨闕 珠稱夜光　검호거궐 주칭야광

칼에는 거궐(巨闕)이 있고, 구슬에는 야광주(夜光珠)가 있다.

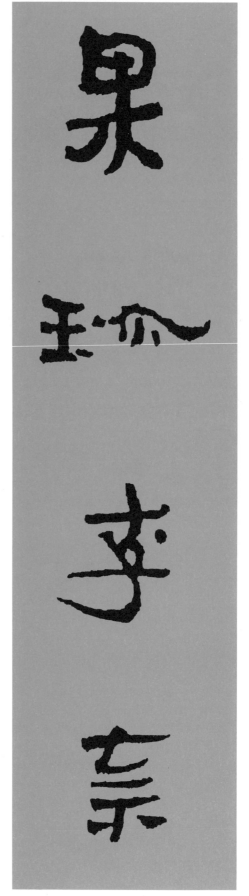

八

果珍李奈 菜重芥薑 과진리내 채중개강
과일 중에서는 오얏과 벚이 보배스럽고 채소 중에서는 겨자와 생강을 소중히 여긴다.

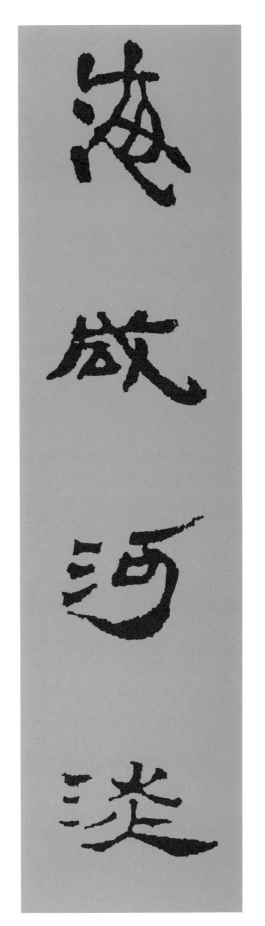

海鹹河淡 鱗潛羽翔　혜함하남 인잠우상
바닷물은 짜고 민물은 싱거우며, 비늘 있는 고기는 물에 잠기고 날개 있는 새는 날아다닌다.

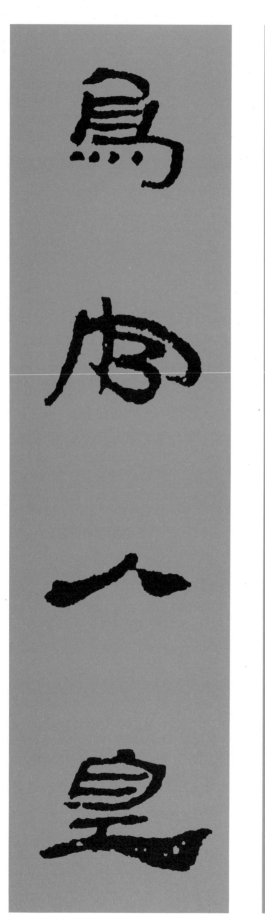

龍師火帝 鳥官人皇　용사화제 조관인황

관직을 용으로 나타낸 복희씨(伏羲氏)와 불을 숭상한 신농씨(神農氏)가 있고, 관직을 새로
기록한 소호씨(少昊氏)와 인문(人文)을 개명한 인황씨(人皇氏)가 있다.

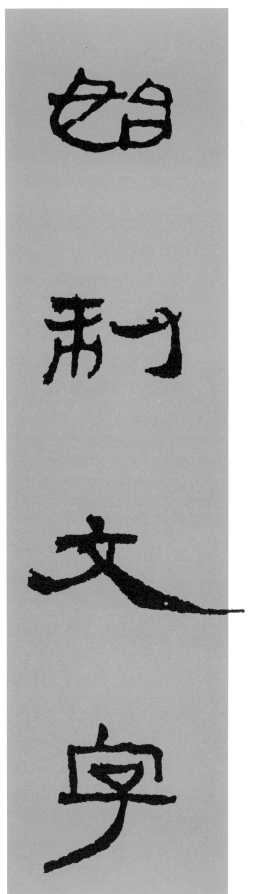

始制文字 乃服衣裳　시제문자 내복 의상
비로소 글자를 만들고, 옷을 만들어 입게 했다.

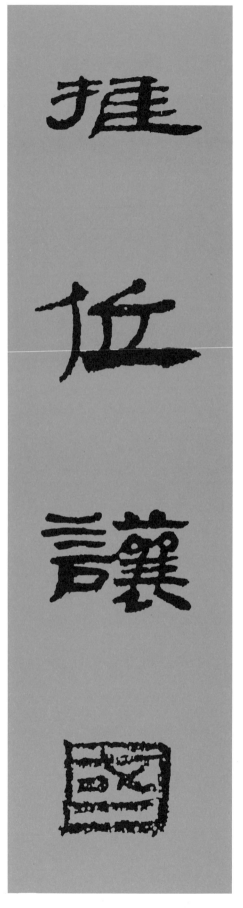

推位讓國 有虞陶唐　추위양국 유우도당

자리를 끌려주어 나라를 양보한 것은, 도당 요(堯)임금과 유우 순(舜)임금이다.

一三

弔民伐罪 周發殷湯　조민벌죄 주발은탕

백성들을 위로하고 죄지은 이를 친 사람은, 주나라 무왕(武王) 발(發)과 은나라 탕왕(湯王)이나.

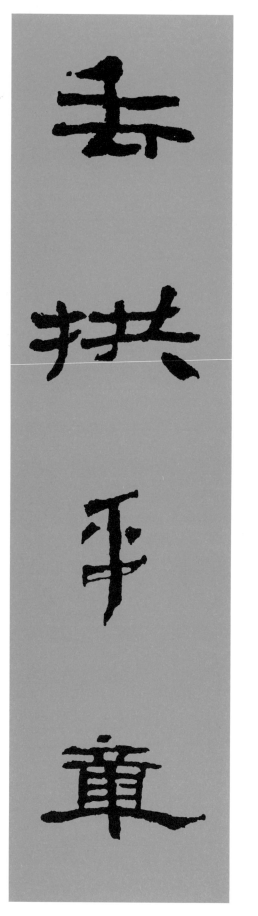

坐朝問道 垂拱平章 좌조문도 수공평장
조정에 앉아 다스리는 도리를 물으니, 옷 드리우고 팔짱 끼고 있지만 공평하고 밝게 다스려진다.

愛育黎首 臣伏戎羌　애육려수 신복융강

백성을 사랑하고 기르니, 오랑캐들까지도 신하로서 복종한다.

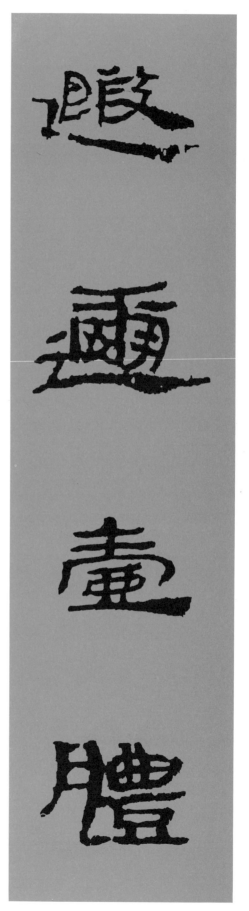

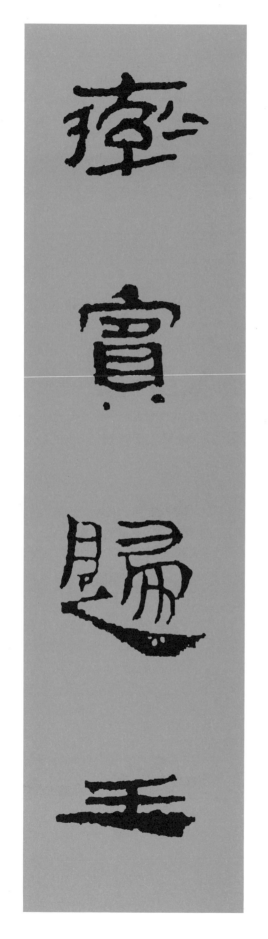

遐邇壹體 率賓歸王　하이일체 솔빈귀왕

먼 곳과 가까운 곳이 똑같이 한 몸이 되어, 서로 이끌고 복종하여 임금에게로 돌아온다.

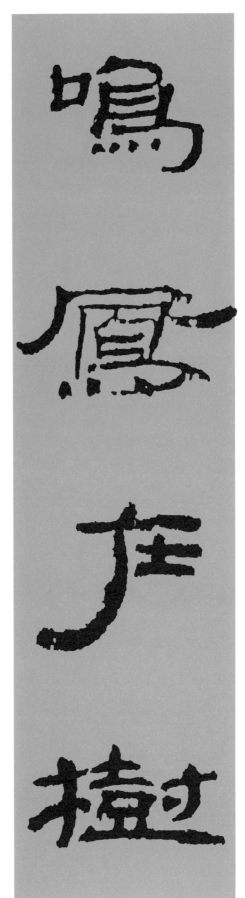

鳴鳳在樹 白駒食場　명봉재수 백구식장

봉황새는 울며 나무에 깃들어 있고, 흰 망아지는 마당에서 풀을 뜯는다.

化被草木 賴及萬方　화피초목 뇌급만방
밝은 임금의 덕화가 풀이나 나무까지 미치고, 그 힘입음이 온 누리에 미친다.

蓋此身髮 四大五常　개차신발 사대오상

대개 사람의 몸과 터럭은 사대와 오상으로 이루어졌다.

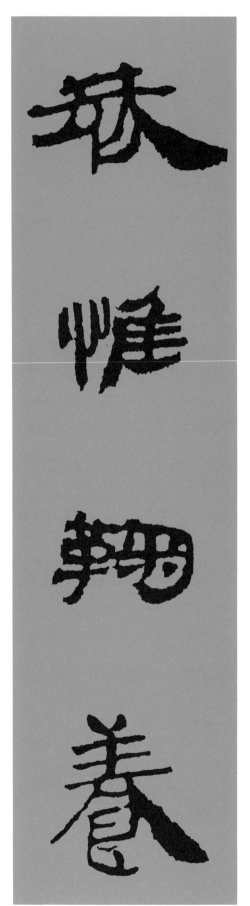

恭惟鞠養 豈敢毀傷　공유국양 기감훼상

부모가 길러주신 은혜를 공손히 생각한다면, 어찌 함부로 이 몸을 더럽히거나 상하게 할까.

女慕貞烈 男效才良　여모정렬 남효재량

여자는 정렬(貞烈)한 것을 사모하고 남자는 재주 있고 어진 것을 본받아야 한다.

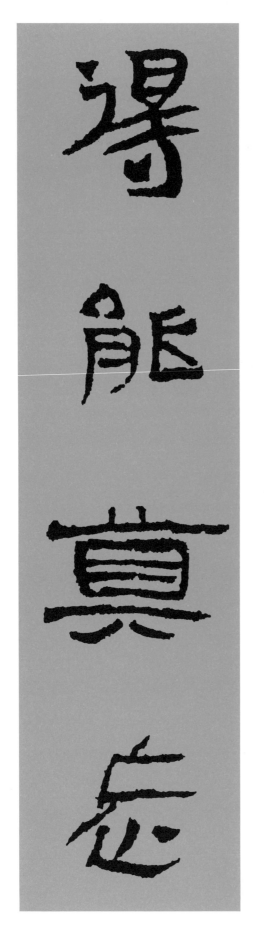

知過必改 得能莫忘　지과필개 득능 막망

자기의 허물을 알면 반드시 고치고, 능히 실행할 것을 얻었거든 잊지 말아야 한다.

罔談彼短　靡恃己長

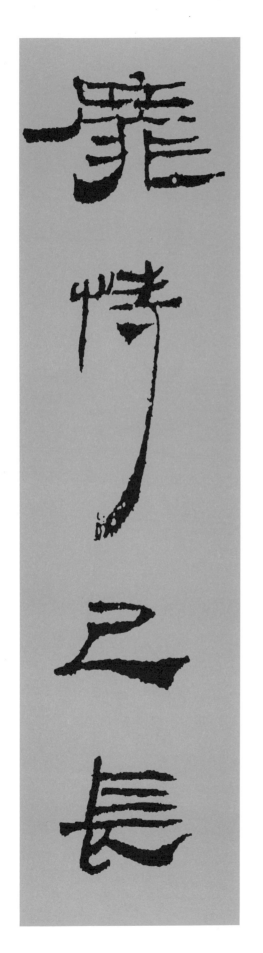

罔談彼短 靡恃己長　망담피단 미시기장
남의 단점을 말하지 말며, 나의 장점을 믿지 말라.

信使可覆 器欲難量　신사가복 기욕난량

믿음 가는 일은 거듭해야 하고, 그릇됨은 헤아리기 어렵도록 키워야 한다.

墨悲絲染 詩讚羔羊　묵비사염 시찬고양

묵자(墨子)는 실이 물들여지는 것을 슬퍼했고, 시경(詩經)에서는 고양편(羔羊編)을 찬미했나.

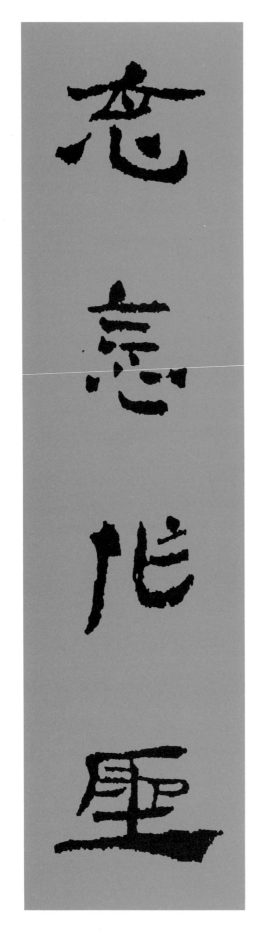

景行維賢 剋念作聖　경행유현 극념작성
행동을 빛나게 하는 사람이 어진 사람이오, 힘써 마음에 생각하면 성인이 된다.

德建名立 形端表正　덕건명립 형단표정

덕이 서면 명예가 서고, 형모(形貌)가 단정하면 의표(儀表)도 바르게 된다.

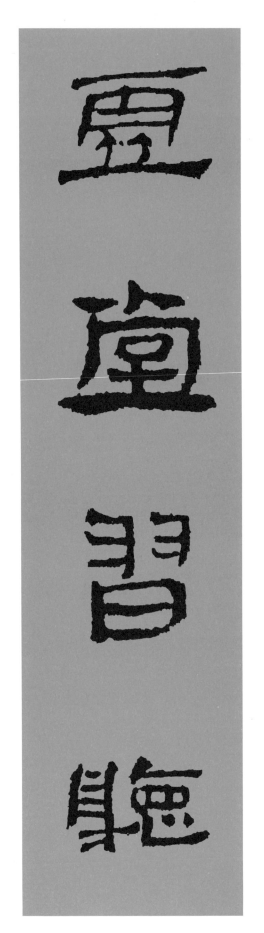

空谷傳聲 虛堂習聽 공곡전성 허당습청
성현의 말은 마치 빈 골짜기에 소리가 전해지듯이 멀리 퍼쳐 나가고, 사람의 말은 아무리 빈 집에서라도 신(神)은 익히 들을 수가 있다.

禍因惡積 福緣善慶　화인악적 복연선경
악한 일을 하는 데서 재앙은 쌓이고, 착하고 경사스러운 일로 인해서 복은 생긴다.

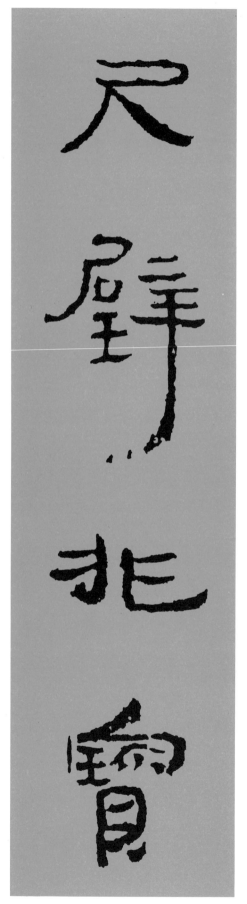

三〇

尺璧非寶 寸陰是競　척벽비보 촌음시경
한 자 되는 큰 구슬이 보배가 아니다. 한 치의 짧은 시간이라도 다투어야 한다.

資父事君 日嚴與敬　자부 사군 왈엄 여경

아비 섬기는 마음으로 임금을 섬겨야 하니, 그것은 존경하고 공손히 하는 것뿐이다.

孝當竭力 忠則盡命　호당갈력 충즉진명

효도는 마땅히 있는 힘을 다해야 하고, 충성은 곧 죽음을 다해야 한다.

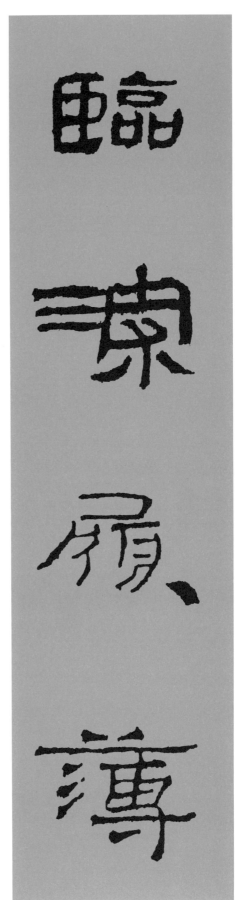

臨深履薄 夙興溫淸　임심리박 숙흥온정

길은 물가에 나가른 듯 살얼음 위를 걷듯이 하고, 일찍 일어나 부모의 따뜻한가 서늘한가를 보살핀다.

似蘭斯馨 如松之盛　사란사형 여송지성
난초같이 향기롭고 소나무처럼 무성하다.

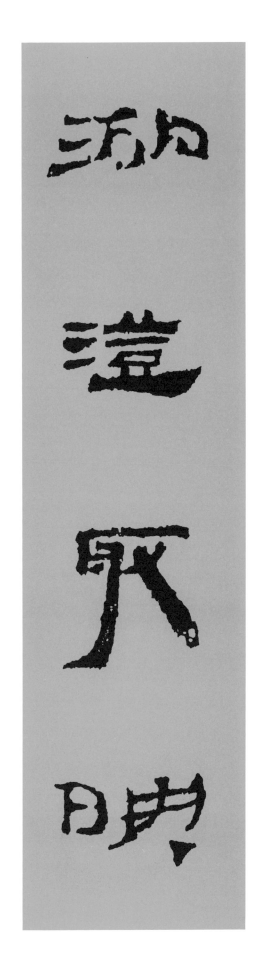

川流不息 淵澄取映　천류불식 연징취영

냇물은 흘러 쉬지 않고, 연못물은 맑아서 온갖 것을 비친다.

容止若思 言辭安定　용지약사 언사안정
얼굴과 거동은 생각하듯 하고, 말은 안정되게 해야 한다.

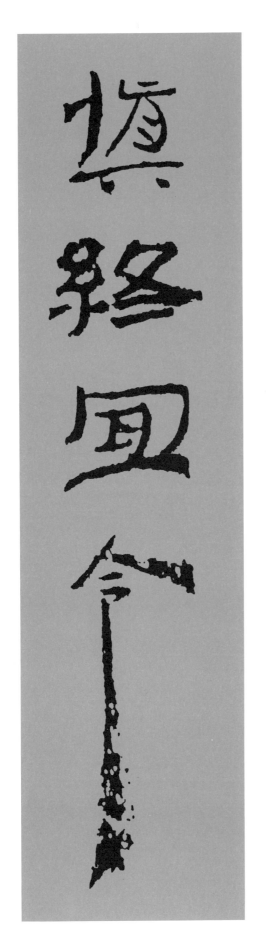

篤初誠美 愼終宜令 독초성미 신종의령

처음을 독실하게 하는 것이 참으로 아름답고, 끝맺음을 조심하는 것이 마땅하다.

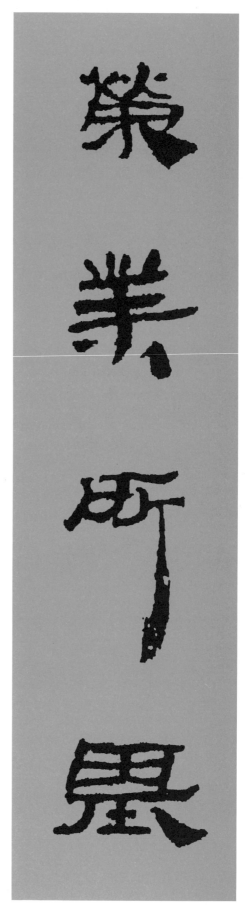

榮業所基 籍甚無竟 영업소기 적심무경

영달과 사업에는 반드시 기인하는 바가 있게 마련이며, 그래야 명성이 끝이 없을 것이다.

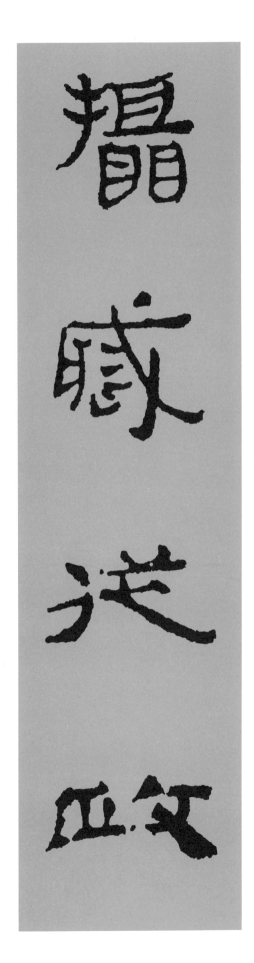

學優登仕 攝職從政 학우등사 섭직종정
배움이 넉넉하면 벼슬에 오르고, 직무를 맡아 정치에 종사할수 있다.

存以甘棠 去而益詠 존이감당 거이익영

소공(召公)이 감당나무 아래 머물고, 떠난 뒤엔 감당시로 더욱 칭송하여 읊는다.

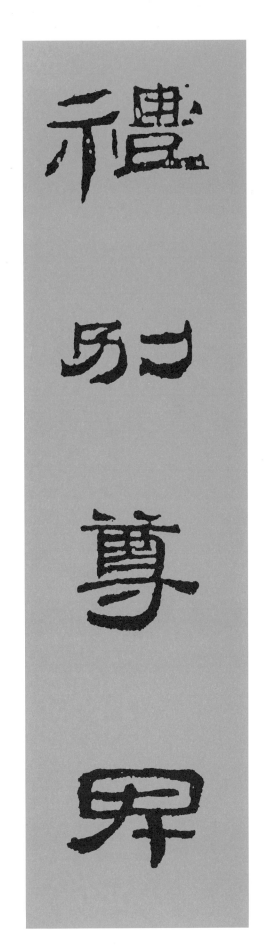

樂殊貴賤 禮別尊卑　악수귀천 예별존비

풍류등 귀천에 따라 다르고, 예의도 늘낮음에 따라 다르다.

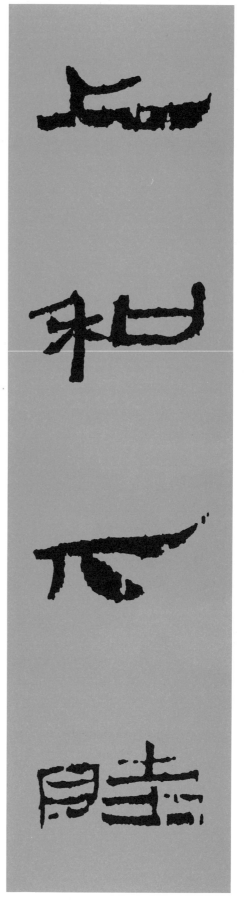

上和下睦 夫唱婦隨 상화하목 부창부수
윗사람이 온화하면 아랫사람도 화목하고, 지아비는 이끌고 지어미는 따르니라.

外受傳訓 入奉母儀　외수부훈 입봉모의
밖에 나가서는 스승의 가르침을 받고, 안에 들어와서는 어머니의 거동을 받든다.

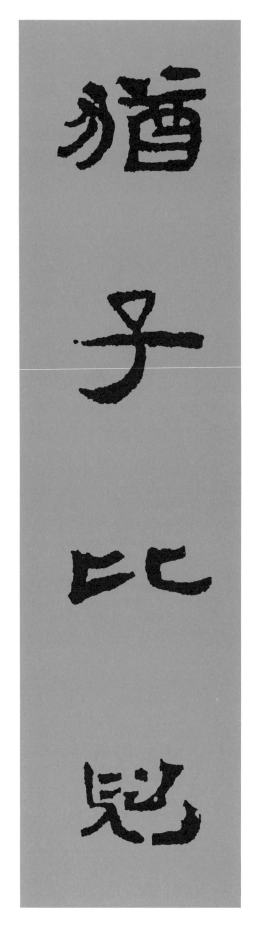

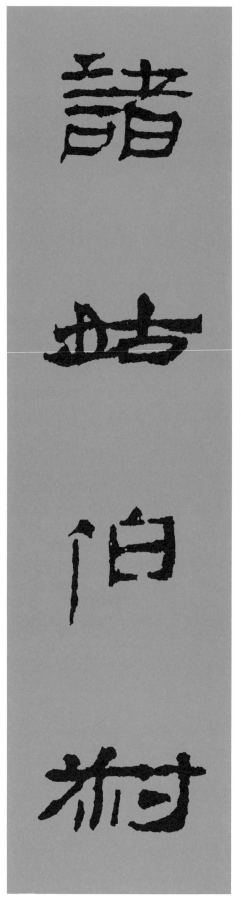

諸姑伯叔 猶子比兒　　제고백숙 유자비아

모든 고모와 아버지의 형제들은, 조카를 자기 아이처럼 생각하고,

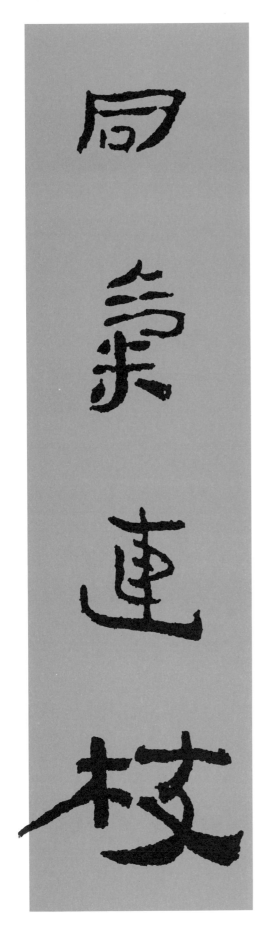

孔懷兄弟 同氣連枝　공회형제 동기련지

가장 가깝게 사랑하여 잊지 못하는 것은 형제간이니, 동기간은 한 나무에서 이어진 가지와 같기 때문이다.

交友投分 切磨箴規 고우투분 절마잠규
벗을 사귐에는 분수를 지켜 의기를 투합해야 하며, 학문과 덕행을 갈고 닦아 서로 경계하고
바르게 인도해야 한다.

仁慈隱惻 造次弗離　인자은측 조차불리

어질고 사랑하며 측은히 여기는 마음이 잠시라도 마음속에서 떠나서는 안 된다.

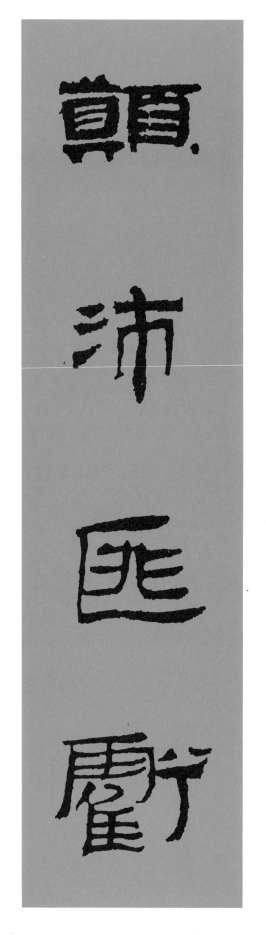

節義廉退 顛沛匪虧　절의염퇴 전패비휴

절의와 청렴과 물러감은 어려운 가운데에서도 이지러지거나 없어지면 안 된다.

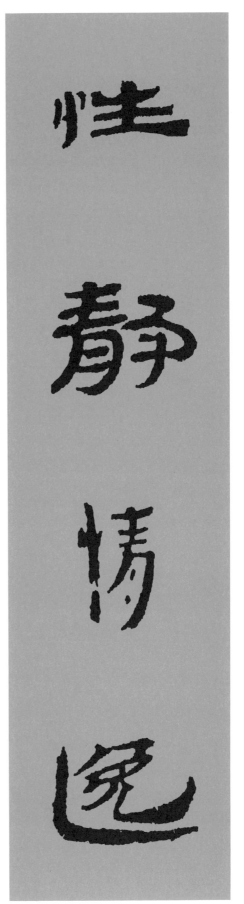

性靜情逸 心動神疲　성정정일 심동신피

성픔이 고요하면 마음이 편안하고, 마음이 흔들리면 정신이 픠로해 진다.

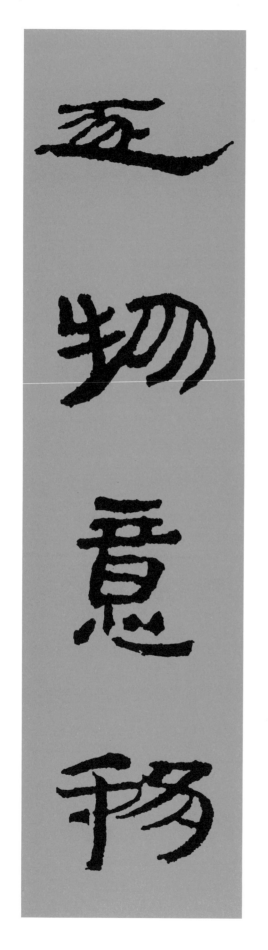

守眞志滿 逐物意移　수진지만 축물의이
참됨을 지키면 뜻이 가득해지고, 물욕을 좇으면 생각도 이리저리 옮겨진다.

堅持雅操 好爵自縻　경지아조 호작자미
올바른 지조를 굳게 가지면, 높은 지위는 스스로 그에게 얽히어 이른다.

都邑華夏 東西二京　도읍화하 동서이경

화하(華夏)의 도읍에는 동경(洛陽)과 서경(長安)이 있다.

背邙面洛 浮渭據涇　비망면낙 부위거경

낙양은 북망산을 등뒤로 하여 낙수를 앞에 두고, 장안은 위수에 떠 있는 듯 경수를 의지하고 있다.

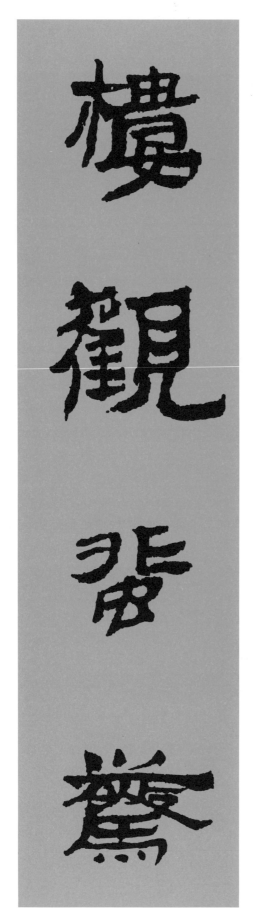

宮殿盤鬱 樓觀飛驚　　궁전 반을 누관비경

궁(宮)과 전(殿)은 빽빽하게 들어찼고, 누(樓)와 관(觀)은 새가 하늘을 나는 듯 솟아 놀랍다.

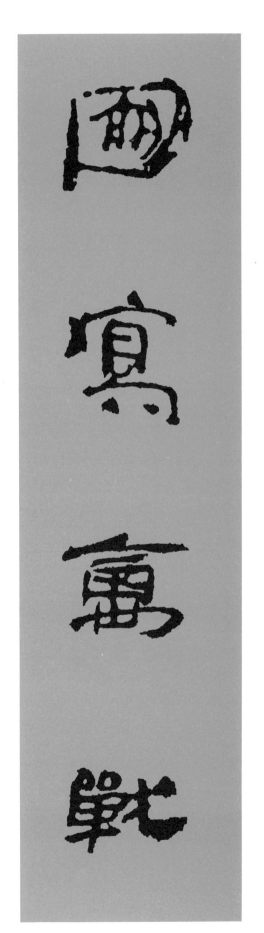

圖寫禽獸 畫綵仙靈　　도사금수 화채선령

새와 짐승을 그린 그림이 있고, 신선들의 모습도 채색하여 그렸다.

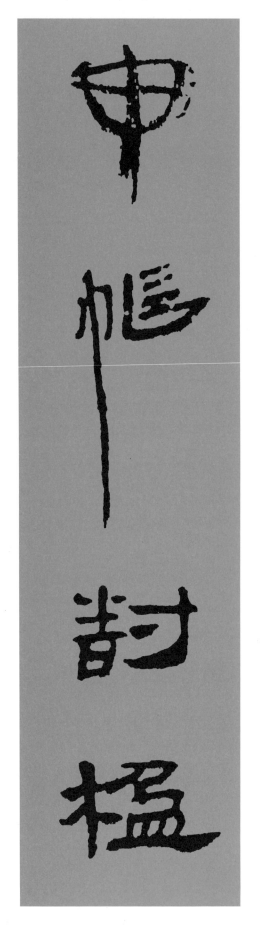

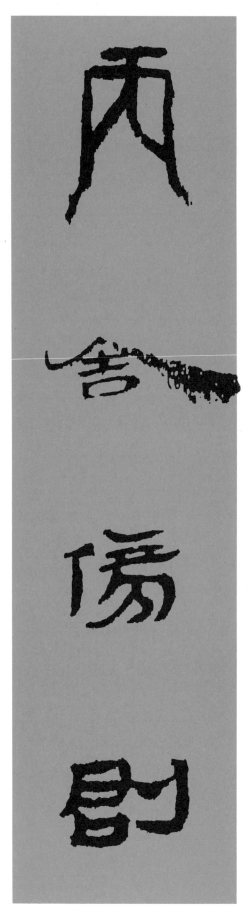

丙舍傍啓 甲帳對楹　병사방계 갑장대영

신하들이 쉬는 병사의 문은 정전(正殿) 곁에 열려 있고, 화려한 휘장이 큰 기둥에 둘려 있다.

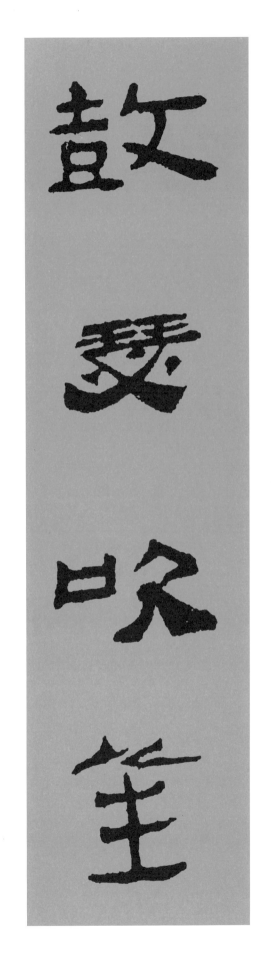

肆筵設席 鼓瑟吹笙　사연설석 고슬취생
자리를 만들고 돗자리를 깔고서, 비파를 뜯고 생황저를 분다.

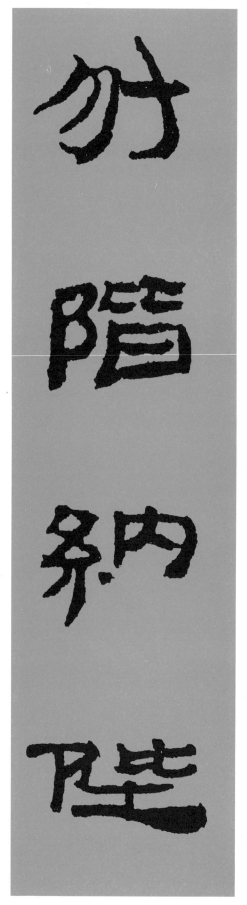

陞階納陛 弁轉疑星　승계납폐 변전의성

섬돌을 밟으며 궁전에 들어가니, 관(冠)에 긴 구슬들이 돌고 돌아 별이 아닌가 의심스럽다.

右通廣內 左達承明　우통광내 좌달승명
오른쪽으로는 광내전에 통하고, 왼쪽으로는 승명려에 다다른다.

既集墳典 亦聚群英　기집분전 역취군영
이미 삼분(三墳)과 오전(五典) 같은 책들을 모으고, 뛰어난 곳 영재들도 모았다.

杜稾鍾隷 漆書壁經 두고중예 칠서벽경

글씨로는 두조(杜操)의 초서와 종요(鍾繇)의 예서가 있고, 글로는 과두의 글과 공자의 옛집
벽 속에서 나온 경서가 있다.

府羅將相 路俠槐卿　부라장상 그협괴경
궁넉에는 장수와 정승들이 벌려 있고, 길은 공경(公卿)의 집들을 끼고 있다.

戶封八縣 家給千兵　호봉 팔현 가급 천병

귀척(貴戚)이나 공신에게 호(戶) 현(縣)을 봉하고, 그들의 집에는 많은 군사를 주었다.

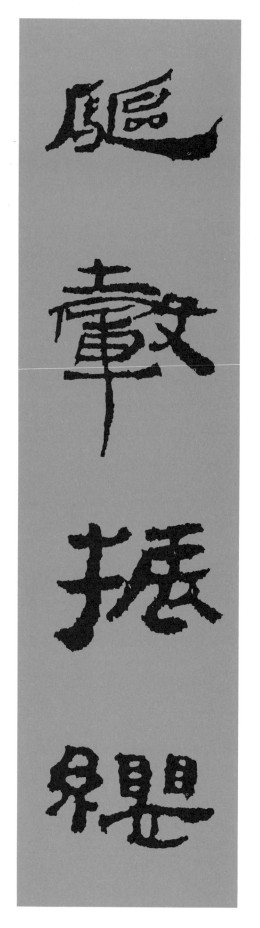

高冠陪輦 驅轂振纓　고관배련 구곡진영
높은 관(冠)을 쓰고 임금의 수레를 모시니, 수레를 몰 때마다 갓끈이 흔들린다.

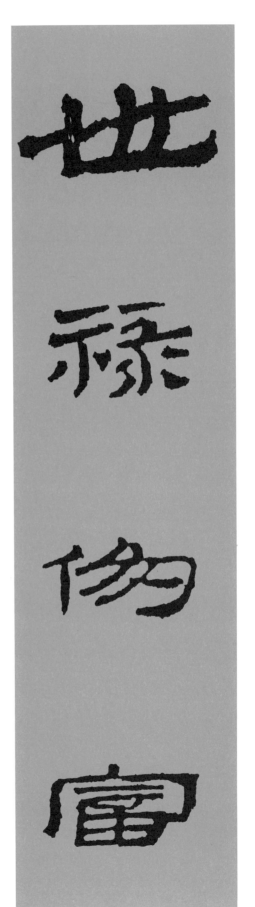

世祿侈富 車駕肥輕 세록 치부 거가비경

대대로 받은 봉록은 사치하고 풍부하며, 말은 살찌고 수레등 가볍기만 하다.

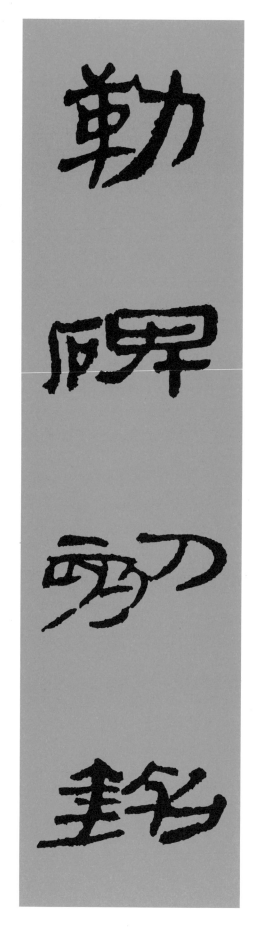

策功茂實 勒碑刻銘 책공무실 늑비각명

공신을 책록하여 실적을 힘쓰게 하고, 비명(碑銘)에 찬미하는 내용을 새긴다.

磻溪伊尹 佐時阿衡 　반제 이을 좌시 아형

주는 왕(周文王)은 반제에서 강태공을 얻고 은탕왕(殷湯王)은 신야(莘野)에서 이윤을 맞으니, 그들은 때를 도와 재상 아형(阿衡)의 지위에 올랐다.

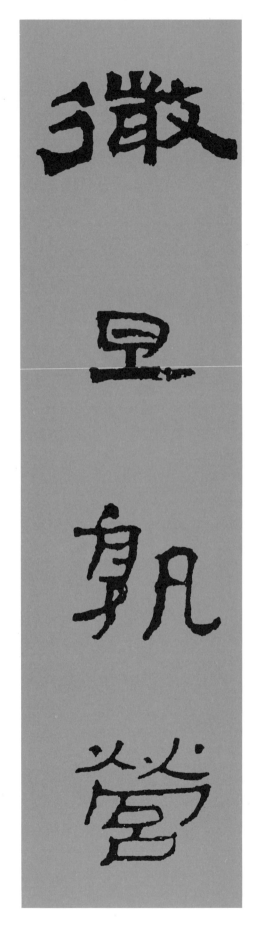

奄宅曲阜 微罍孰營 엄책곡부 미조극영

큰 집을 곡부(曲阜)에 정해주었으니, 조(罍)가 아니면 누가 경영할수 있었으랴.

桓公匡合

濟弱扶傾

六九

桓公匡合 濟弱扶傾　환공 광합 제약부경

제나라 환공은 천하를 바로잡아 제후를 모으고, 약한 자를 구하고 기우는 나라를 붙들어 일으켰다.

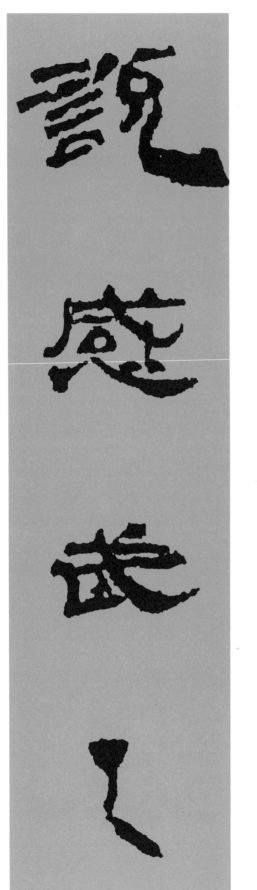

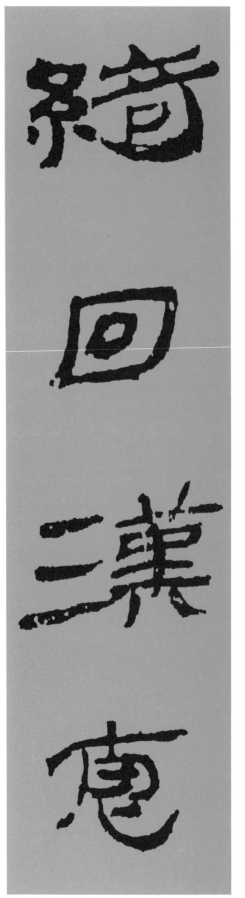

綺回漢惠 說感武丁　기회한혜 열감무정

기리계(綺理季) 등은 한나라 혜제(惠帝)의 태자 자리를 회복하고, 부열(傅說)은 무정(武丁)의 꿈에 나타나 그를 감동시켰다.

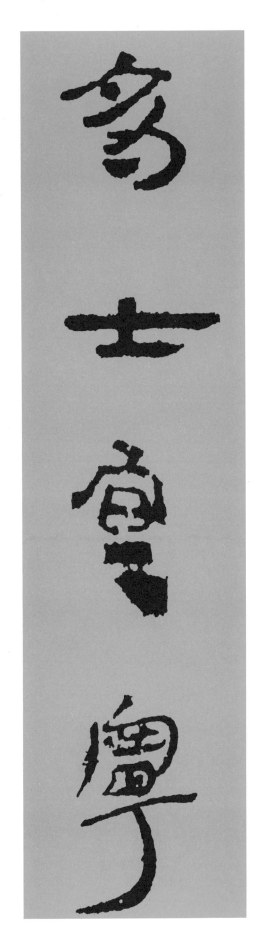

俊乂密勿 多士寔寧　준예밀물 다사식녕
재주와 덕을 지닌 이들이 부지런히 힘쓰고, 많은 인재들이 있어 나라는 실로 편안했다.

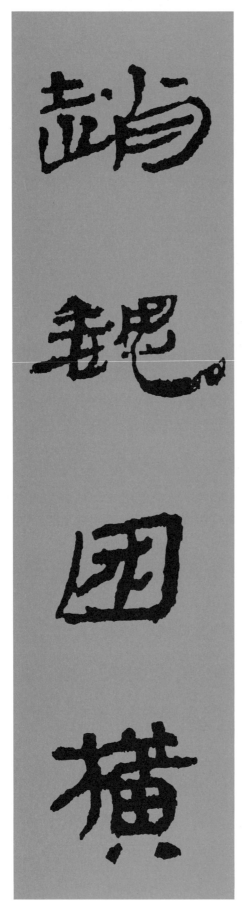

晉楚更霸 趙魏困橫　진초경패 조위곤횡

진문공(晉文公)과 초장왕(楚莊王)은 번갈아 패자가 되었고 조(趙)나라와 위(魏)나라는 연횡
책(連橫策) 때문에 곤란을 겪었다.

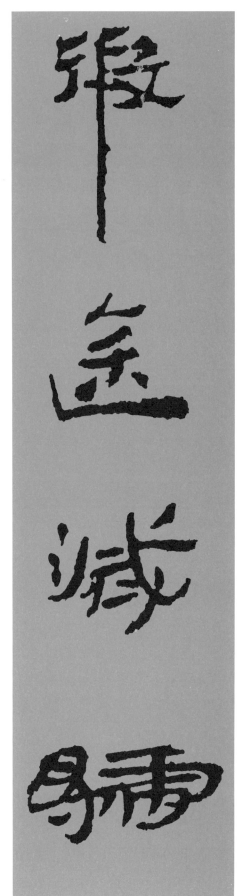

假途滅虢 踐土會盟　가도멸괵 천토회맹

진헌공(晉獻公)은 길을 빌려 괵(虢)나라를 멸했고 진문공(晉文公)은 제후를 천토(踐土)에
모아 맹세하게 했다.

何遵約法 韓弊煩刑　하준약법 한폐번형

소하(蕭何)는 줄인 법제 조항을 지켰고, 한비(韓非)는 번거로운 형법으로 폐해를 가져왔다.

起翦頗牧 用軍最精　기전파목 용군최정

진(秦)나라의 백기(白起)와 왕전(王翦), 조나라의 염파(廉頗)와 이목(李牧)은 군사 부리기를 가장 정밀하게 했다.

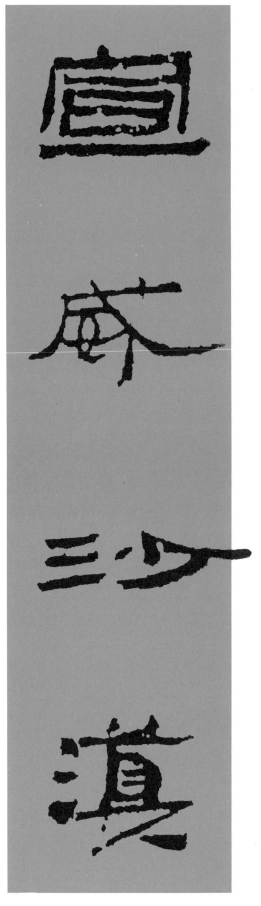

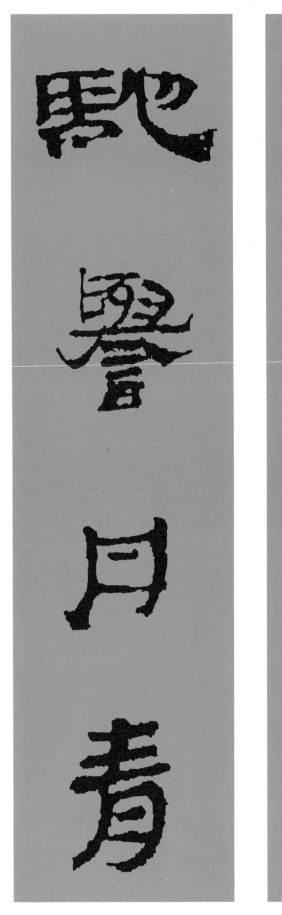

宣威沙漠 馳譽丹青　선위사막 치예단청

위엄을 사막에까지 펼치니, 그 명예를 채색으로 그려서 칭했다.

九州禹迹 百郡秦并　　구주우적 백군진병
구주(九州)는 우임금의 공적의 자취요, 모든 고을은 진나라 시황이 아우른 것이다.

嶽宗恒岱 禪主云亭　악종항대 선주운정

오악(五嶽) 중에는 항산(恒山)과 태산(泰山)이 으뜸이고 봉선(封禪) 제사는 운운산(云云山)
과 정정산(亭亭山)에서 주로 하였다.

雁門紫塞 雞田赤城

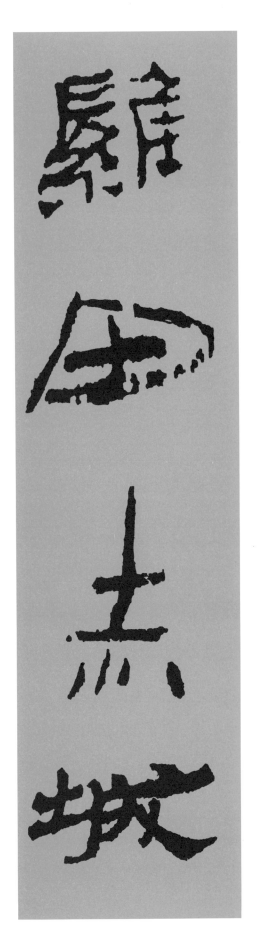
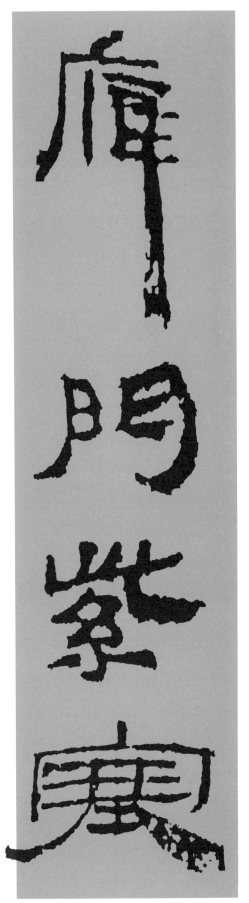

雁門紫塞 鷄田赤城　안문 자새 계정 적셩

안문과 자새, 계전과 적성,

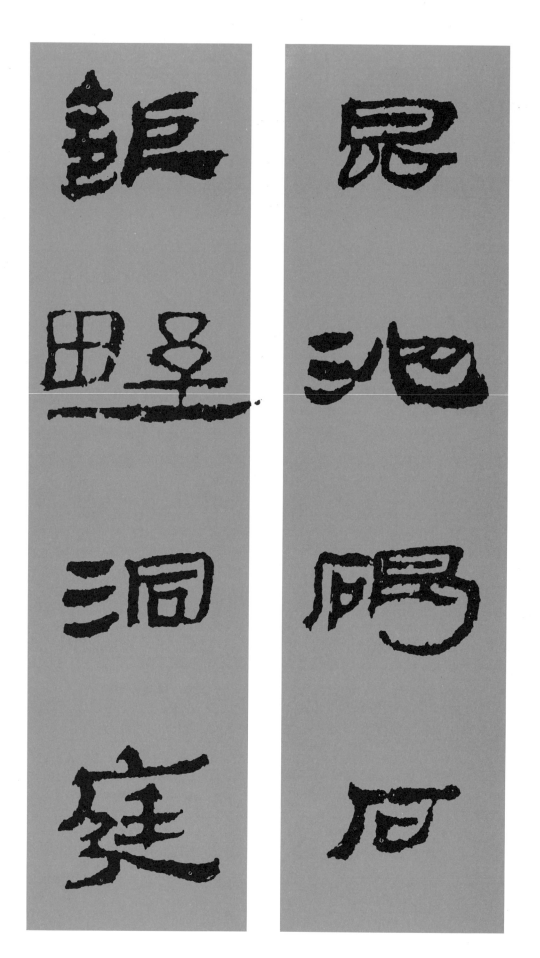

昆池碣石 鉅野洞庭　곤지갈석 거야동정
곤지와 갈석, 거야와 동정은,

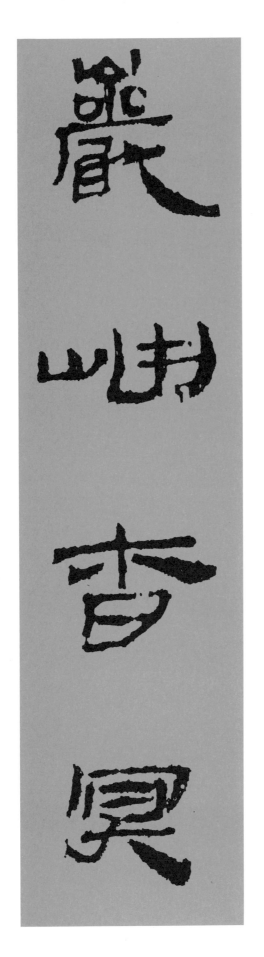

曠遠綿邈 巖岫杳冥　광원면막 암수묘명
너무나 멀어 끝없이 아득하고 바위와 산은 그윽하여 깊고 어두워 보인다.

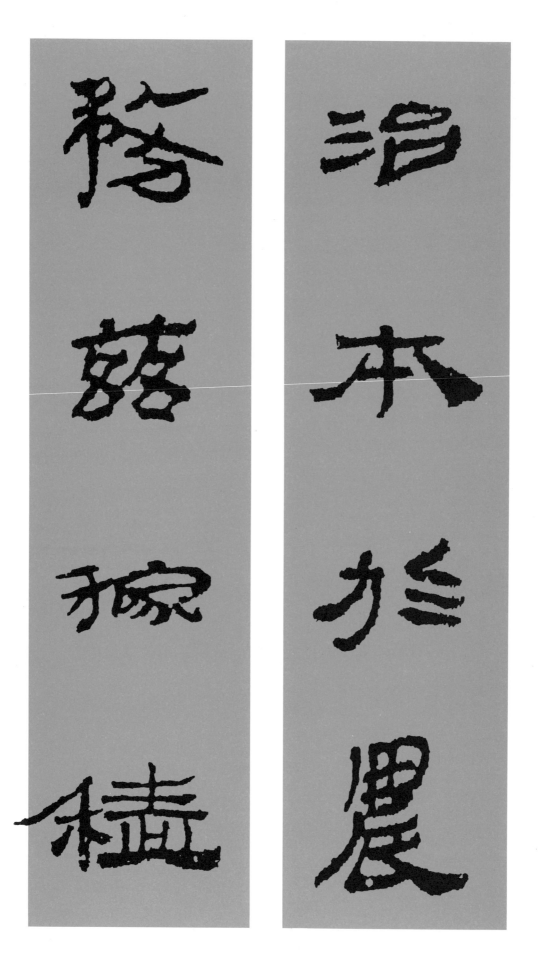

治本於農 務茲稼穡　치본 어농 무자가색
다스림은 농업을 근본으로 삼아, 심고 거두기를 힘쓰게 하였다.

俶載南畝 我藝黍稷　숙재남묘 아예서직

봄이 되면 남쪽 이랑에서 일을 시작하니, 우리는 기장과 피를 심으리라.

税熟貢新 勸賞黜陟　세숙공신 권상출척

익은 곡식으로 세금을 내고 새 곡식으로 종묘에 제사하니, 권면하고 상을 주되 무능한 사람은
내치고 유능한 사람은 등용한다.

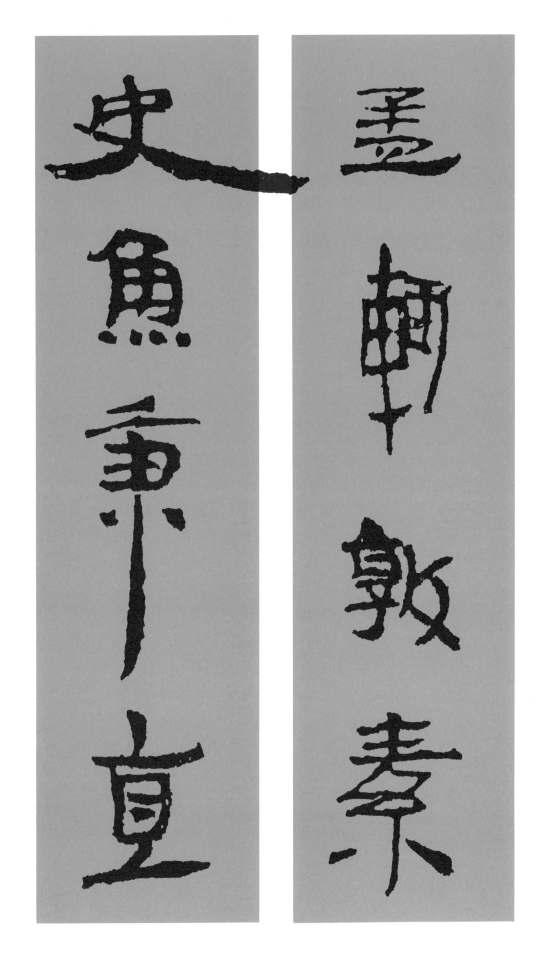

孟軻敦素 史魚秉直　맹가돈소 사어병직

맹자(孟子)는 행동이 도탑고 소박했으며, 사어(史魚)는 직간(直諫)을 잘 하였다.

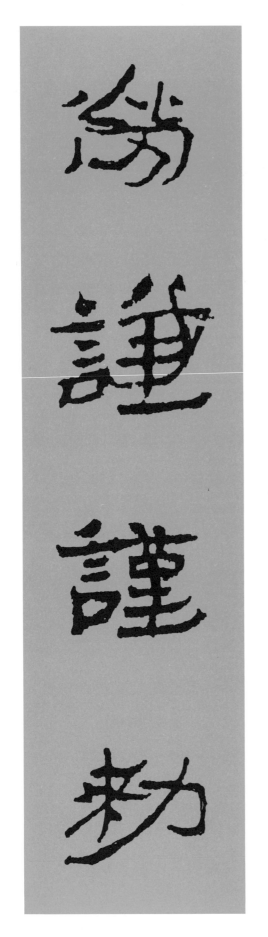

庶幾中庸 勞謙謹勅　서기중용 그겸근칙
중용에 가까우려면, 근로하고 겸손하고 삼가고 신칙해야 한다.

聆音察理 鑑貌辨色

聆音察理 鑑貌辨色　영음찰리 감모 변색
소리를 들어 이치를 살피며, 모습을 거울삼아 낯빛을 분별한다.

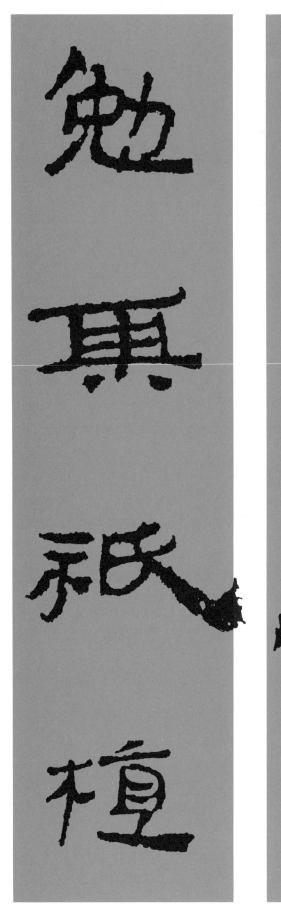

貽厥嘉猷 勉其祗植　이궐가유 면기지식
훌륭한 계획을 후손에게 남기고, 공경히 선조들의 계획을 심기에 힘써라.

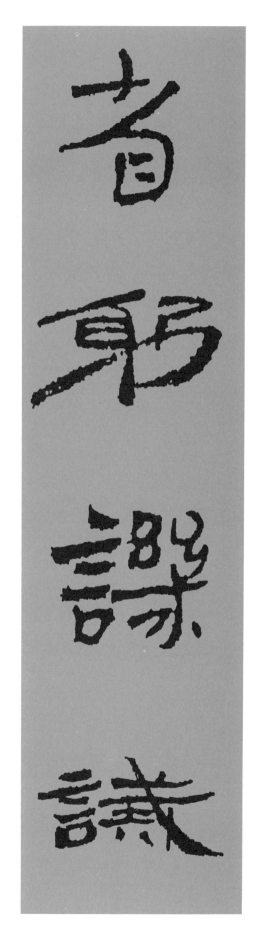

省躬譏誡 寵增抗極　청궁기계 총증항극

자기 몸을 살피고 남의 비방을 경계하며, 은총이 날로 더하면 항거심(抗拒心)이 극에 달함을 알라.

殆辱近恥 林皋幸即　대욕근치 임고행즉
외로로움과 욕됨은 부끄러움에 가까우니, 늘이 있는 물가로 가서 한거(閑居) 하는 것이 좋다.

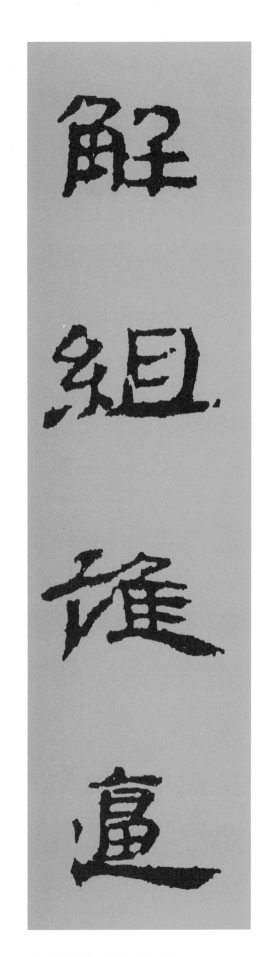

兩疏見機 解組誰逼   양소견기 해조수핍
한대(漢代)의 소광(疏廣)과 소수(疏受)는 기회를 보아 인끈을 풀어놓고 가버렸으니, 누가 그 행동을 막을 수 있으리오.

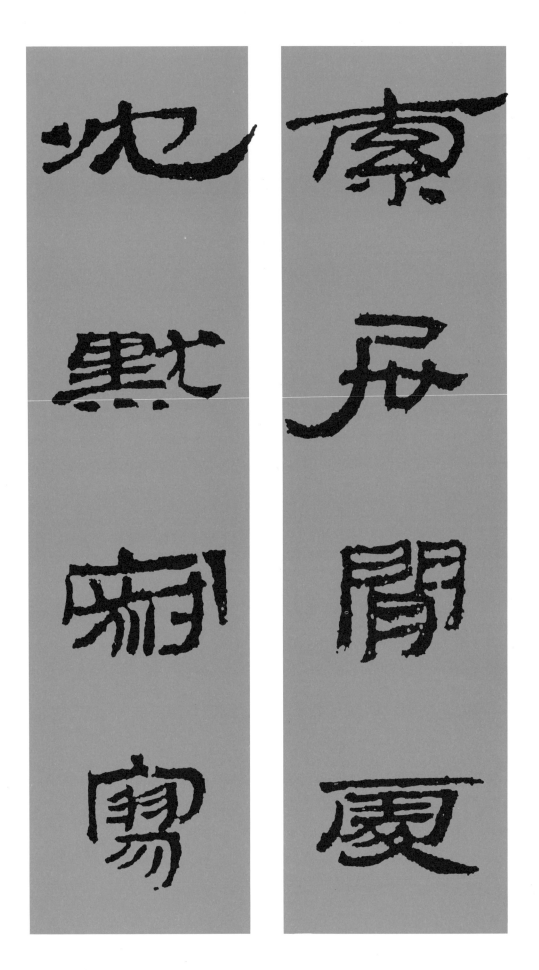

索居閑處 沈默寂寥　색거한처 침묵적료
한적한 곳을 찾아 사니, 말 한 마디도 없이 고요하기만 하다.

求古尋論 散慮逍遙　구고심론 산려소요
옛 사람의 글을 구하고 도(道)를 찾으며, 모든 생각을 흘어버리고 평화로이 그니느나.

欣 奏 累 遣 慼 謝 歡 招

欣奏累遣 慼謝歡招　흔주루견 척사환초

기쁨은 모여들고 번거로움은 사라지니, 슬픔은 물러가고 즐거움이 온다.

渠荷的歷 園莽抽條　거하적력 원망추조

도랑의 연꽃은 곱고 분명하며, 동산에 우거진 풀들은 쭉쭉 빼어나다.

枇杷晚翠 梧桐早凋 비파만취 오동조조

비파나무 잎새는 늦도록 푸르고, 오동나무 잎새는 일찍부터 시든다.

陳根委翳 落葉飄颻　진근 위예 낙엽표오

묵은 뿌리들은 버려져 있고, 떨어진 나뭇잎은 바람따라 흩날린다.

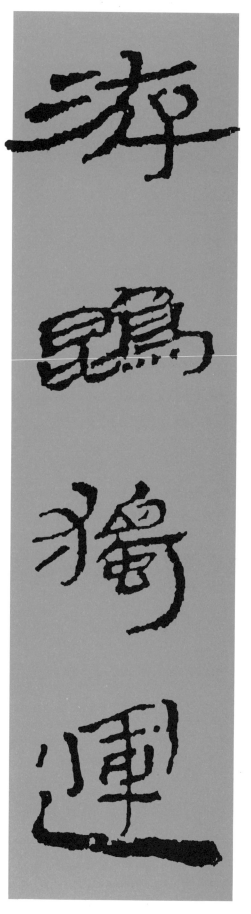

遊鯤獨運 凌摩絳霄　　유곤독운 능마강소

곤어는 홀로 바다를 그닐다가, 붕새 되어 올라가면 맑은 하늘을 누비고 날아가는다.

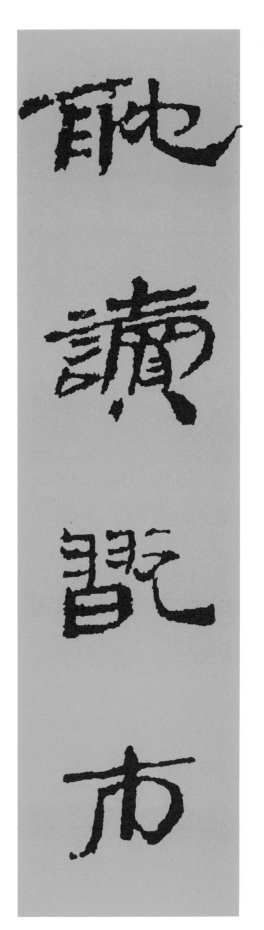

耽讀翫市 寓目囊箱 탐독완시 우목낭상

저잣거리 책방에서 글 읽기에 흠뻑 빠져, 정신 차려 자세히 보니 마치 글을 주머니나 상자 속에 갈무리하는 것 같다.

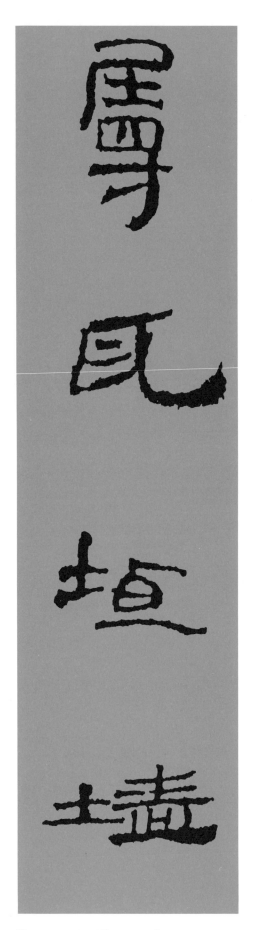

易輶攸畏 屬耳垣墻 이유유외 촉이원장

말하기를 쉽고 가벼이 여기는 것은 두려워할 만한 일이니, 남이 남에 귀를 기울여 듣는 것처럼 조심하라.

具膳湌飯 適口充腸　구선손반 적구충장
반찬을 갖추어 밥을 먹으니, 입맛에 맞게 창자를 채울 뿐이라.

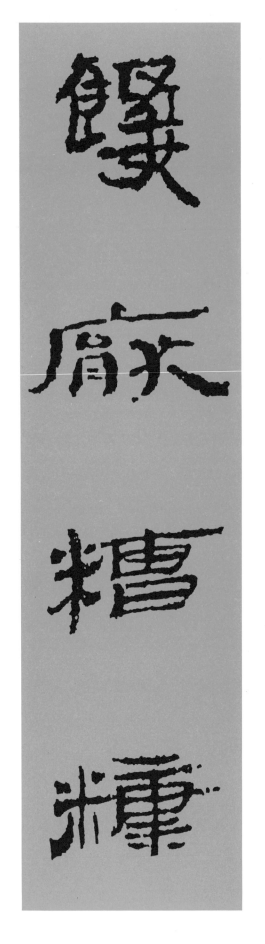

飽飫烹宰 飢厭糟糠 포어팽재 기염조강

배부르면 아무리 맛있는 요리도 먹기 싫고, 굶주리면 술지게미와 쌀겨도 만족스럽다.

親戚故舊 老少異糧 친척고구 노소이량

친척이나 친구들을 대접할 때는, 그인과 젊은이의 음식을 달리해야 한다.

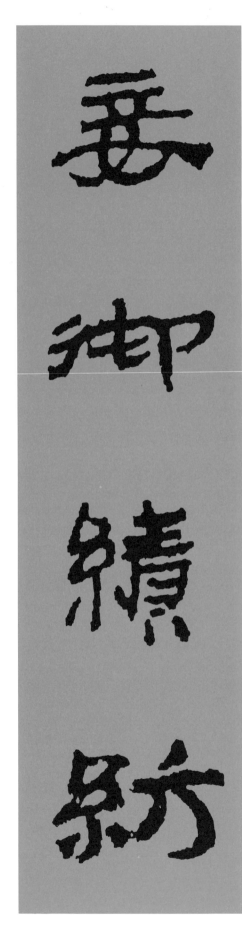

妾御績紡 侍巾帷房　첩어적방 시건유방

아내나 첩은 길쌈을 하고, 안방에서는 수건과 빗을 가지고 남편을 섬긴다.

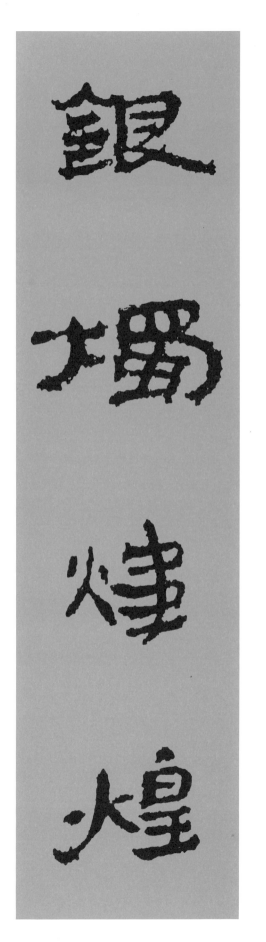

執扇圓潔 銀燭煒煌　집선원결 은촉위황
비단 부채는 둥글고 깨끗하며, 은빛 촛불은 휘황하게 빛난다.

晝眠夕寐 藍筍象床

藍筍象床

晝眠夕寐

晝眠夕寐 藍筍象床　주면석매 남순상상

낮잠을 즐기거나 밤잠을 누리는, 상아로 장식한 대나무 침상이다.

絃歌酒讌 接杯舉觴　현가주연 접배거상

연주하고 그래하는 잔치마당에서는, 잔을 주고받기도 하며 혼자서 들기도 한다.

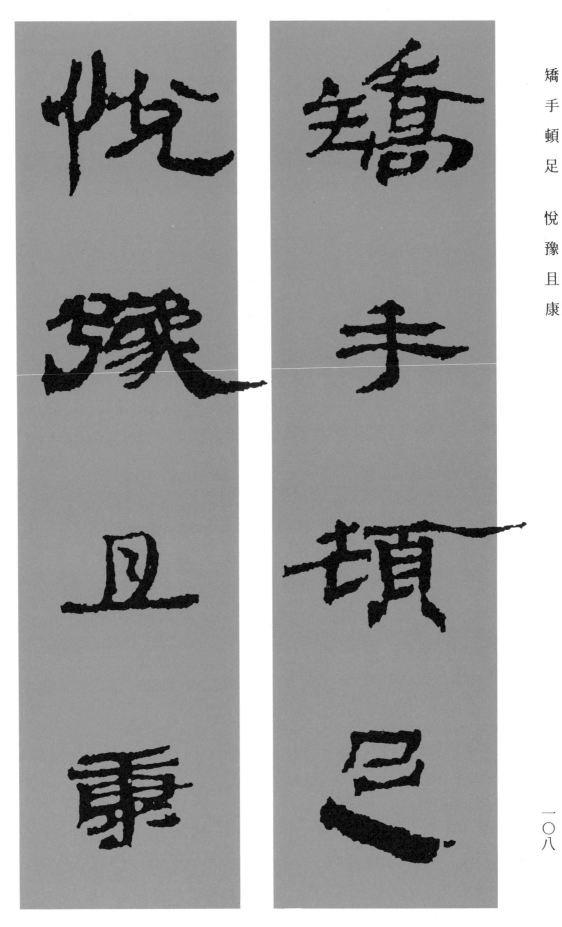

矯手頓足 悅豫且康 교수돈족 열예차강
손을 들고 발을 굴러 춤을 추니, 기쁘고도 편안하다.

嫡後嗣續 祭祀蒸嘗　적후 사속 제사증상

적장자는 가문의 맥을 이어, 겨울의 증(蒸)제사와 가을의 상(嘗)제사를 지낸다.

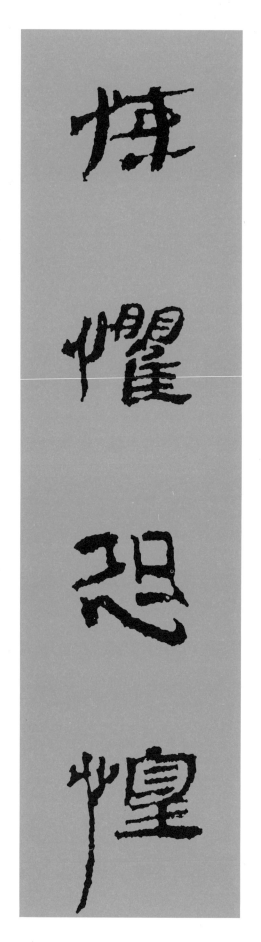

稽顙再拜 悚懼恐惶 계상재배 송구공황
이마를 조아려서 두 번 절하고, 두려워 하고 공경한다.

牋牒簡要 顧答審詳

牋牒簡要 顧答審詳　　전첩간요 고답심상
편지는 간난명료해야 하고, 안부를 묻거나 대답할 때에는 자세히 살펴서 명백히 해야 한다.

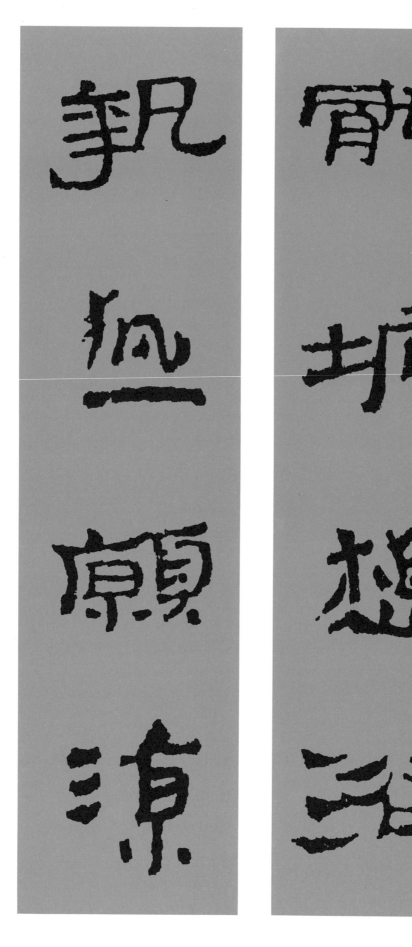

骸垢想浴 執熱願涼　해구상욕 집열원량
몸에 때가 끼면 목욕할 것을 생각하고, 뜨거운 것을 잡으면 시원하기를 바란다.

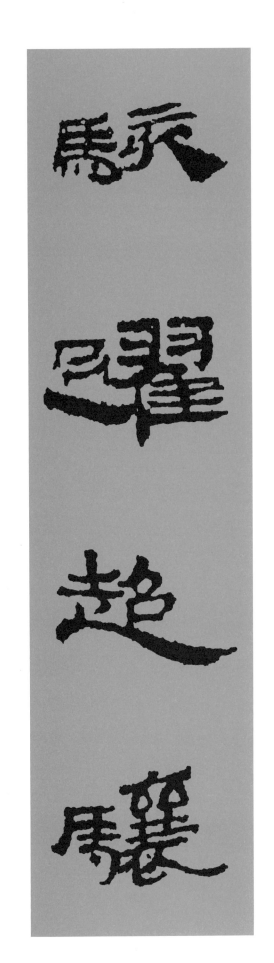

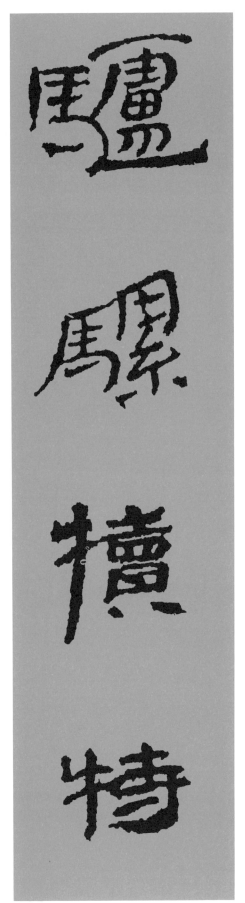

驢騾犢特 駭躍超驤　여라독특 해약초양
나귀와 노새와 송아지와 소들이, 놀라서 뛰고 걸린다.

誅斬賊盜 捕獲叛亡　주참적도 포획반망

도적을 죄벌하고 베며, 배반자와 도망자를 사로잡는다.

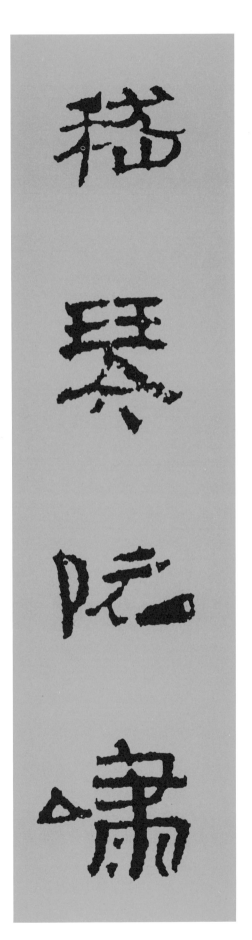

布射遼丸 嵇琴阮嘯　조사료환 혜금 완소

여포(呂布)의 활쓰기, 웅의료(熊宜僚)의 탄환 돌리기며, 혜강(★康)의 거문고 타기, 완적(阮籍)의 휘파람은 모두 유명하니.

恬筆倫紙 鈞巧任釣　염필륜지 균교임조

몽염(蒙恬)은 붓을 만들고 채륜(蔡倫)은 종이를 만들었고, 마균(馬鈞)은 기교가 있었고, 임공자(任公子)는 낚시를 잘했다.

釋紛利俗 並皆佳妙　석분리속 병개가묘

어지러움을 풀어 세상을 이롭게 하였으니, 이들은 모두 다 아름답고 묘한 사람들이다.

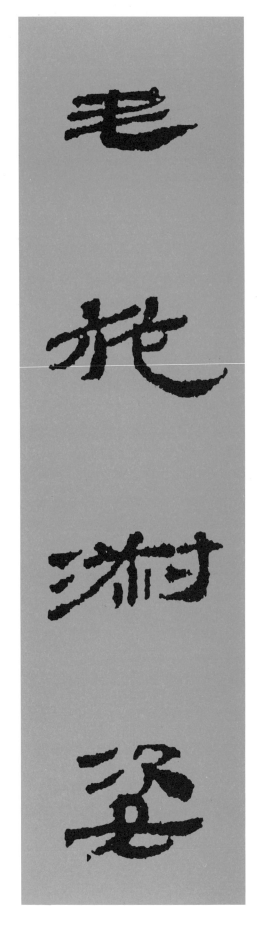

毛施淑姿 工嚬妍笑　모시숙자 공빈연소

오나라 모장과 월나라 서시는 자태가 아름나뷔, 찌푸림도 고뫼하고 웃음은 곱기도 하였나.

年矢每催 義暉朗曜　　연시매최 희휘랑요
세월은 살같이 매양 빠르기를 재촉하건만, 햇빛은 밝고 빛나기만 하구나.

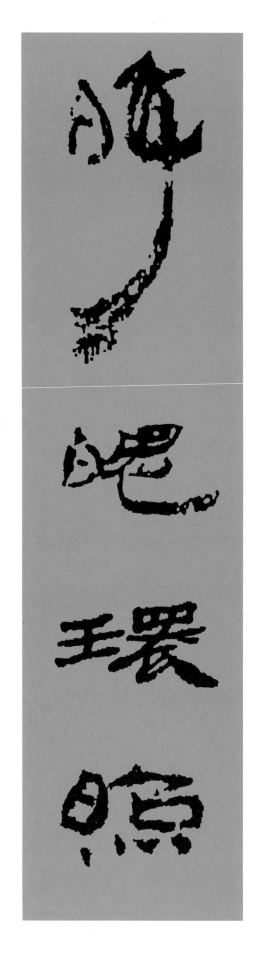

璇璣懸斡 晦魄環照　선기현알 회백환조

선기옥형(璇璣玉衡)은 공중에 매달려 돌고, 어두움과 밝음이 돌고 돌면서 비취준다.

指薪修祜 永綏吉邵 지신수우 영유길소

복을 닦는 것이 나뭇결과 불씨를 옮기는 데 비유될 정도라면, 길이 편안하여 상서로움이 높아
지리라.

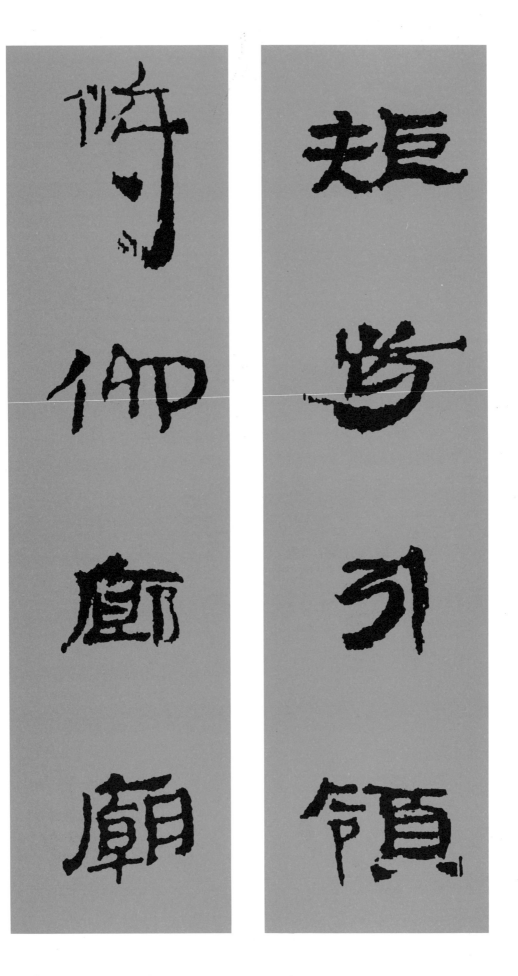

矩步引領 俯仰廊廟 구보인령 부앙랑묘
걸음걸이를 바르게 하여 옷차림을 단정히 하고, 낭묘(廊廟)에 오르고 내린다.

束帶矜莊 徘徊瞻眺　속대긍장 배회첨조

띠를 묶는 등 경건하게 하고, 배회하며 우러러본다.

孤陋寡聞 愚蒙等誚　고루 과문 우몽등초
고루하고 배움이 적으면 어리석고 몽매한 자들과 같아서 남의 책망을 듣게 마련이나.

謂語助者 焉哉乎也　외어조자 언재호야

어조사라 이르는 것에는 언(焉)·재(哉)·호(乎)·야(也)가 있다.

千字文

天地玄黃　宇宙洪荒　日月盈昃　辰宿列張　寒來暑往

秋收冬藏　閏餘成歲　律呂調陽　雲騰致雨　露結爲霜

金生麗水　玉出崑岡　劍號巨闕　珠稱夜光　果珍李柰

菜重芥薑　海鹹河淡　鱗潛羽翔　龍師火帝　鳥官人皇

始制文字　乃服衣裳　推位讓國　有虞陶唐　弔民伐罪

周發殷湯　坐朝問道　垂拱平章　愛育黎首　臣伏戎羌

遐邇壹體　率賓歸王　鳴鳳在樹　白駒食場　化被草木

賴及萬方　蓋此身髮　四大五常　恭惟鞠養　豈敢毀傷

女慕貞潔　男效才良　知過必改　得能莫忘　罔談彼短

靡恃己長　信使可覆　器欲難量　墨悲絲染　詩讚羔羊

景行維賢　克念作聖　德建名立　形端表正　空谷傳聲

虛堂習聽　禍因惡積　福緣善慶　尺璧非寶　寸陰是競

資父事君　似蘭斯馨　孝當竭力　忠則盡命　臨深履薄

夙興溫清　如松之盛　川流不息　淵澄取映

容止若思　言辭安定　篤初誠美　慎終宜令　榮業所基

籍甚無竟　學優登仕　攝職從政　存以甘棠　去而益詠

樂殊貴賤　禮別尊卑　上和下睦　夫唱婦隨　外受傳訓

入奉母儀　諸姑伯叔　猶子比兒　孔懷兄弟　同氣連枝

交友投分　切磨箴規　仁慈隱惻　造次弗離　節義廉退

顛沛匪虧　性靜情逸　心動神疲　守眞志滿　逐物意移

堅持雅操　好爵自縻　都邑華夏　東西二京　背邙面洛

浮渭據涇　宮殿盤鬱　樓觀飛驚　圖寫禽獸　畫綵仙靈

丙舍傍啓　甲帳對楹　肆筵設席　鼓瑟吹笙　升階納陛

弁轉疑星　右通廣內　左達承明　既集墳典　亦聚群英

杜稿鍾隸　漆書壁經　府羅將相　路俠槐卿　戶封八縣

家給千兵　高冠陪輦　驅轂振纓　世祿侈富　車駕肥輕

策功茂實　勒碑刻銘　磻溪伊尹　佐時阿衡　奄宅曲阜

微旦孰營　桓公匡合　濟弱扶傾　綺回漢惠　說感武丁

俊乂密勿　多士寔寧　晉楚更霸　趙魏困橫　假途滅虢

踐土會盟　何遵約法　韓弊煩刑　起翦頗牧　用軍最精

宣威沙漠　馳譽丹青　九州禹迹　百郡秦並　嶽宗恒岱

禪主云亭　雁門紫塞　雞田赤城　昆池碣石　鉅野洞庭

曠遠綿邈　巖岫杳冥　治本於農　務茲稼穡　俶載南畝

我藝黍稷 稅熟貢新 勸賞黜陟 孟軻敦素 史魚秉直

庶幾中庸 勞謙謹敕 聆音察理 鑒貌辨色 貽厥嘉猷

勉其祗植 省躬譏誡 寵增抗極 殆辱近恥 林皋幸即

兩疏見機 解組誰逼 索居閒處 沉默寂寥 求古尋論

散慮逍遙 欣奏累遣 感謝歡招 渠荷的歷 園莽抽條

枇杷晚翠 梧桐早凋 陳根委翳 落葉飄颻 游鵾獨運

凌摩絳霄 耽讀翫市 寓目囊箱 易輶攸畏 屬耳垣墻

具膳飧飯 適口充腸 飽飫烹宰 飢厭糟糠 親戚故舊

老少異糧 妾御績紡 侍巾帷房 紈扇圓潔 銀燭煒煌

晝眠夕寐 藍筍象床 弦歌酒讌 接杯舉觴 矯手頓足

悅豫且康 嫡後嗣續 祭祀蒸嘗 稽顙再拜 悚懼恐惶

牋牒簡要 顧答審詳 骸垢想浴 執熱願涼 驢騾犢特

駭躍超驤 誅斬賊盜 捕獲叛亡 布射遼丸 嵇琴阮嘯

恬筆倫紙 鈞巧任釣 釋紛利俗 並皆佳妙 毛施淑姿

工顰妍笑 年矢每催 義暉朗曜 旋璣懸斡 晦魄環照

指薪修祜 永綏吉劭 矩步引領 俯仰廊廟 束帶矜莊

徘徊瞻眺 孤陋寡聞 愚蒙等誚 謂語助者 焉哉乎也

八 ……………63

沛 ……………48

霸 ……………72

烹 ……………102

平 ……………14

陛 ……………58

弊 ……………74

飽 ……………102

布 ……………115

捕 ……………114

表 ……………27

飄 ……………97

彼 ……………23

疲 ……………49

被 ……………18

必 ……………22

筆 ……………116

逼 ……………91

【 하 】

河 ……………9

遐 ……………16

下 ……………42

夏 ……………52

何 ……………74

荷 ……………95

學 ……………39

寒 ……………3

漢 ……………70

韓 ……………74

閑 ……………92

鹹 ……………9

合 ……………69

恒 ……………78

抗 ……………89

行 ……………26

海 ……………9

解 ……………91

骸 ……………112

駭 ……………113

幸 ……………90

行 ……………26

虛 ……………28

玄 ……………1

賢 ……………26

縣 ……………63

絃 ……………107

懸 ……………120

夾 ……………62

兄 ……………45

形 ……………27

馨 ……………34

衡 ……………67

刑 ……………74

惠 ……………70

稽 ……………115

號 ……………7

好 ……………51

戶 ……………63

乎 ……………125

洪 ……………1

孝 ……………32

效 ……………21

化 ……………18

火 ……………10

和 ……………42

華 ……………52

畫 ……………55

禍 ……………29

歡 ……………94

紈 ……………105

環 ……………129

丸 ……………115

桓 ……………69

黃 ……………1

荒 ……………1

皇 ……………10

煌 ……………105

惶 ……………110

會 ……………73

徊 ……………123

回 ……………70

懷 ……………45

晦 ……………120

獲 ……………114

橫 ……………72

後 ……………109

訓 ……………43

毀 ……………20

煒 ……………105

暉 ……………119

虧 ……………48

欣 ……………94

興 ……………33

羲 ……………119

亭 …………78	主 …………78	此 …………19	推 …………12
庭 …………80	晝 …………106	次 …………47	抽 …………95
丁 …………70	酒 …………107	車 …………65	逐 …………50
帝 …………10	誅 …………114	且 …………108	出 …………6
制 …………11	奏 …………94	讚 …………25	黜 …………84
諸 …………44	俊 …………71	察 …………87	忠 …………32
弟 …………45	遵 …………74	斬 …………114	充 …………101
濟 …………69	中 …………86	唱 …………42	取 …………35
祭 …………109	重 …………8	菜 …………8	吹 …………57
調 …………4	卽 …………90	采 …………55	聚 …………60
鳥 …………10	則 …………32	策 …………66	翠 …………96
弔 …………13	增 …………89	處 …………92	昃 …………2
朝 …………14	蒸 …………109	戚 …………103	惻 …………47
造 …………47	【차】	慼 …………94	致 …………5
操 …………51	地 …………1	陟 …………84	侈 …………65
趙 …………72	知 …………22	尺 …………30	馳 …………76
組 …………91	之 …………34	天 …………1	治 …………82
條 …………95	止 …………36	川 …………35	恥 …………90
早 …………96	志 …………50	千 …………63	則 …………32
凋 …………96	持 …………51	賤 …………41	勅 …………86
糟 …………102	池 …………80	踐 …………73	親 …………103
釣 …………116	祇 …………88	瞻 …………123	漆 …………61
照 …………120	紙 …………116	妾 …………104	沈 …………92
眺 …………123	指 …………121	牒 …………111	稱 …………7
助 …………125	枝 …………45	聽 …………16	
足 …………108	職 …………39	淸 …………33	【타】
存 …………40	直 …………85	靑 …………76	耽 …………99
尊 …………41	稷 …………83	體 …………16	湯 …………13
終 …………37	辰 …………2	草 …………18	殆 …………90
從 …………39	振 …………64	初 …………37	宅 …………68
鍾 …………61	珍 …………8	楚 …………72	土 …………73
宗 …………78	盡 …………32	招 …………94	通 …………59
坐 …………14	眞 …………50	超 …………113	退 …………48
佐 …………67	晋 …………72	誚 …………124	投 …………46
左 …………59	秦 …………77	燭 …………105	特 …………113
罪 …………13	陳 …………97	寸 …………30	
宙 …………1	集 …………60	寵 …………89	【파】
珠 …………7	執 …………112	最 …………75	杷 …………96
周 …………13	澄 …………35	催 …………119	頗 …………75
州 …………77	【차】	秋 …………3	

纓 ……64	云 ……78	疑 ……58	場 ……17
營 ……681	雲 ……5	以 ……40	長 ……23
永 ……121	運 ……98	而 ……40	帳 ……56
乂 ……71	鬱 ……54	二 ……52	將 ……62
譽 ……76	園 ……95	伊 ……67	腸 ……101
藝 ……83	圓 ……105	耳 ……100	牆 ……100
翳 ……97	原 ……112	異 ……103	莊 ……123
豫 ……108	垣 ……100	貽 ……88	在 ……17
五 ……19	遠 ……81	邇 ……16	才 ……21
梧 ……96	月 ……2	移 ……50	載 ……83
玉 ……6	有 ……12	益 ……40	宰 ……102
溫 ……33	惟 ……20	人 ……10	再 ……110
院 ……115	維 ……26	因 ……29	哉 ……125
甈 ……99	猶 ……44	仁 ……47	積 ……29
曰 ……31	攸 ……100	引 ……122	籍 ……38
王 ……16	帷 ……104	日 ……2	跡 ……77
往 ……3	綏 ……121	壹 ……16	赤 ……79
遙 ……93	遊 ……98	逸 ……49	寂 ……92
曜 ……119	育 ……15	任 ……116	的 ……95
要 ……111	尹 ……67	臨 ……33	適 ……101
颻 ……97	閏 ……4	入 ……43	績 ……104
欲 ……24	戎 ……15		嫡 ……109
浴 ……112	爲 ……5	【 자 】	賊 ……114
辱 ……90	位 ……12		傳 ……28
容 ……36	渭 ……53	字 ……11	顚 ……48
用 ……75	魏 ……72	子 ……44	殿 ……54
庸 ……86	威 ……76	慈 ……47	轉 ……58
外 ……43	委 ……97	自 ……51	典 ……60
畏 ……100	謂 ……125	姿 ……118	田 ……111
宇 ……1	殷 ……13	者 ……125	翦 ……75
雨 ……5	隱 ……47	玆 ……82	切 ……41
優 ……39	銀 ……105	紫 ……79	節 ……48
虞 ……12	陰 ……30	資 ……31	接 ……107
羽 ……9	音 ……87	作 ……26	貞 ……21
友 ……46	邑 ……52	爵 ……51	正 ……27
右 ……59	衣 ……11	潛 ……9	定 ……36
禹 ……77	宜 ……37	箴 ……46	政 ……39
寓 ……99	儀 ……43	張 ……2	静 ……49
祐 ……120	義 ……48	藏 ……3	情 ……49
愚 ……124	意 ……50	章 ……14	精 ……75

生 ……6
笙 ……57
暑 ……3
西 ……52
書 ……61
庶 ……86
黍 ……83
席 ……57
石 ……80
夕 ……106
釋 ……117
善 ……29
仙 ……55
宣 ……76
禪 ……78
膳 ……101
扇 ……105
璇 ……120
設 ……57
說 ……70
攝 ……39
成 ……4
聖 ……26
聲 ……28
盛 ……34
誠 ……37
性 ……49
星 ……58
城 ……79
省 ……89
世 ……65
歲 ……4
稅 ……84
所 ……38
素 ……85
疏 ……91
逍 ……93
霄 ……98
少 ……103
笑 ……118

劭 ……121
嘯 ……115
俗 ……117
束 ……123
續 ……109
屬 ……100
殞 ……101
率 ……16
悚 ……110
松 ……34
誰 ……91
收 ……3
水 ……6
垂 ……14
首 ……15
樹 ……17
殊 ……41
隨 ……42
受 ……43
守 ……50
獸 ……55
手 ……108
修 ……121
岫 ……81
宿 ……2
夙 ……33
叔 ……44
孰 ……68
熟 ……84
淑 ……118
俶 ……83
筍 ……106
瑟 ……57
習 ……28
承 ……59
升 ……58
始 ……11
恃 ……23
詩 ……25
是 ……30

時 ……67
市 ……99
侍 ……104
施 ……118
矢 ……119
食 ……17
息 ……35
寔 ……71
植 ……88
臣 ……15
身 ……19
信 ……24
愼 ……37
神 ……49
新 ……84
薪 ……121
實 ……66
深 ……33
沈 ……92
甚 ……38
心 ……49
尋 ……93
審 ……111

【 아 】

兒 ……44
雅 ……51
阿 ……67
我 ……83
惡 ……29
樂 ……41
嶽 ……78
安 ……36
斡 ……120
巖 ……81
仰 ……122
愛 ……15
野 ……80
也 ……125
夜 ……7

若 ……36
弱 ……69
約 ……74
躍 ……113
陽 ……4
讓 ……12
養 ……20
羊 ……25
驤 ……113
映 ……35
於 ……82
魚 ……85
御 ……104
語 ……125
飫 ……102
言 ……36
焉 ……125
嚴 ……31
奄 ……68
業 ……38
餘 ……4
與 ……31
如 ……34
亦 ……60
易 ……100
緣 ……29
淵 ……35
筵 ……57
讌 ……107
妍 ……118
悅 ……108
熱 ……112
染 ……25
厭 ……102
葉 ……97
盈 ……2
榮 ……38
詠 ……40
楹 ……56
英 ……60

面 …………53
眠 …………106
綿 …………81
勉 …………88
滅 …………73
鳴 …………17
名 …………27
命 …………32
明 …………59
銘 …………66
冥 …………81
慕 …………21
母 …………43
毛 …………118
貌 …………88
木 …………18
睦 …………42
牧 …………75
目 …………99
蒙 …………124
杳 …………81
畝 …………83
妙 …………117
廟 …………122
無 …………38
茂 …………66
武 …………70
務 …………82
墨 …………25
默 …………92
文 …………11
問 …………14
門 …………79
聞 …………124
物 …………50
勿 …………71
靡 …………23
糜 …………51
微 …………68
美 …………37

民 …………13
密 …………71

【 바 】

薄 …………33
盤 …………54
飯 …………101
叛 …………114
磻 …………67
發 …………13
髮 …………19
方 …………18
傍 …………56
房 …………104
紡 …………104
背 …………53
陪 …………64
杯 …………107
拜 …………110
徘 …………123
白 …………17
伯 …………44
百 …………77
魄 …………120
煩 …………74
法 …………74
伐 …………13
璧 …………30
壁 …………61
弁 …………58
辨 …………87
別 …………41
丙 …………56
兵 …………63
幷 …………77
秉 …………85
並 …………117
寶 …………30
步 …………122

服 …………11
伏 …………15
 …………24
福 …………29
本 …………82
鳳 …………17
奉 …………43
封 …………63
父 …………31
簿 …………33
不 …………35
夫 …………42
婦 …………42
傅 …………43
府 …………62
富 …………65
阜 …………68
扶 …………69
俯 …………122
浮 …………53
分 …………46
紛 …………117
墳 …………60
不 …………35
弗 …………47
非 …………30
悲 …………25
卑 …………41
比 …………44
匪 …………48
飛 …………54
肥 …………65
碑 …………66
枇 …………96
賓 …………16
嚬 …………118

【 사 】

師 …………10
四 …………19

使 …………24
絲 …………25
事 …………31
似 …………34
斯 …………34
思 …………36
辭 …………36
仕 …………39
士 …………71
寫 …………55
舍 …………56
肆 …………57
沙 …………76
史 …………85
謝 …………94
嗣 …………109
祀 …………109
射 …………115
索 …………92
散 …………93
霜 …………5
翔 …………9
裳 …………11
常 …………19
傷 …………20
上 …………42
相 …………62
賞 …………84
箱 …………99
象 …………106
牀 …………106
觴 …………107
嘗 …………109
想 …………112
顙 …………110
詳 …………111
塞 …………79
穡 …………82
色 …………87
索 …………92

及 …………… 18
給 …………… 63
矜 …………… 123
豈 …………… 20
己 …………… 23
器 …………… 24
基 …………… 38
氣 …………… 45
旣 …………… 60
綺 …………… 70
起 …………… 75
幾 …………… 86
其 …………… 88
譏 …………… 89
機 …………… 91
飢 …………… 102
璣 …………… 120
金 …………… 6
吉 …………… 121

【나】

難 …………… 24
南 …………… 83
男 …………… 21
納 …………… 58
乃 …………… 11
內 …………… 59
女 …………… 21
年 …………… 119
念 …………… 26
恬 …………… 116
寧 …………… 71
農 …………… 82
能 …………… 22

【다】

多 …………… 71
短 …………… 23
端 …………… 27

旦 …………… 68
丹 …………… 76
達 …………… 59
淡 …………… 9
談 …………… 23
答 …………… 111
唐 …………… 12
堂 …………… 28
當 …………… 32
棠 …………… 40
大 …………… 19
對 …………… 56
垈 …………… 78
帶 …………… 123
宅 …………… 68
德 …………… 27
陶 …………… 12
道 …………… 14
都 …………… 52
圖 …………… 55
途 …………… 73
盜 …………… 114
篤 …………… 37
獨 …………… 98
讀 …………… 99
犢 …………… 113
敦 …………… 85
頓 …………… 108
冬 …………… 3
同 …………… 45
動 …………… 49
東 …………… 52
洞 …………… 80
桐 …………… 96
杜 …………… 61
得 …………… 22
騰 …………… 5
登 …………… 39
等 …………… 124

【라】

羅 …………… 62
騾 …………… 113
洛 …………… 53
落 …………… 97
蘭 …………… 34
藍 …………… 106
朗 …………… 119
廊 …………… 122
量 …………… 24
兩 …………… 91
涼 …………… 112
糧 …………… 103
良 …………… 21
來 …………… 3
呂 …………… 4
麗 …………… 6
驢 …………… 113
慮 …………… 93
黎 …………… 15
力 …………… 32
歷 …………… 95
連 …………… 45
輦 …………… 64
列 …………… 2
烈 …………… 21
廉 …………… 48
領 …………… 122
令 …………… 37
靈 …………… 55
聆 …………… 87
隸 …………… 61
露 …………… 5
路 …………… 62
勞 …………… 86
老 …………… 103
賴 …………… 18
祿 …………… 65
論 …………… 93

遼 …………… 115
寥 …………… 92
龍 …………… 10
樓 …………… 54
陋 …………… 124
累 …………… 94
流 …………… 35
輪 …………… 100
倫 …………… 116
律 …………… 4
勒 …………… 66
凌 …………… 98
李 …………… 8
履 …………… 33
離 …………… 47
理 …………… 87
利 …………… 117
鱗 …………… 9
林 …………… 90
立 …………… 27

【마】

磨 …………… 46
摩 …………… 98
莫 …………… 22
漠 …………… 76
邈 …………… 81
萬 …………… 18
滿 …………… 50
晚 …………… 96
忘 …………… 22
罔 …………… 23
邙 …………… 53
亡 …………… 114
莽 …………… 95
寐 …………… 106
每 …………… 119
盟 …………… 73
孟 …………… 85

索 引 <가・나・다 順>

【 가 】

可 ……………24
家 ……………63
假 ……………73
駕 ……………65
軻 ……………85
嘉 ……………88
歌 ……………107
佳 ……………117
稼 ……………82
刻 ……………66
簡 ……………111
竭 ……………32
碣 ……………80
敢 ……………20
甘 ……………40
感 ……………70
鑑 ……………87
岡 ……………6
薑 ……………8
羌 ……………15
絳 ……………98
康 ……………108
糠 ……………102
甲 ……………56
蓋 ……………19
改 ……………22
皆 ……………117
芥 ……………8
更 ……………72
巨 ……………7
據 ……………53
車 ……………65
舉 ……………107

居 ……………92
去 ……………40
鉅 ……………80
渠 ……………95
建 ……………27
巾 ……………104
劍 ……………7
遣 ……………94
堅 ……………51
見 ……………91
結 ……………5
潔 ……………105
謙 ……………86
景 ……………26
慶 ……………29
競 ……………30
敬 ……………31
竟 ……………38
京 ……………52
涇 ……………53
驚 ……………54
經 ……………61
卿 ……………62
輕 ……………65
傾 ……………69
更 ……………72
啓 ……………56
階 ……………58
溪 ……………67
鷄 ……………79
誠 ……………89
稽 ……………110
鼓 ……………57
稿 ……………61
高 ……………64

皐 ……………90
古 ……………93
故 ……………103
顧 ……………111
羔 ……………25
孤 ……………124
姑 ……………44
谷 ……………28
曲 ……………68
轂 ……………64
崑 ……………6
困 ……………72
昆 ……………80
鵾 ……………98
拱 ……………14
恭 ……………20
空 ……………28
孔 ……………45
功 ……………66
公 ……………69
貢 ……………84
恐 ……………110
工 ……………118
果 ……………8
過 ……………22
寡 ……………124
觀 ……………54
冠 ……………64
官 ……………10
光 ……………7
匡 ……………69
曠 ……………81
廣 ……………59
槐 ……………62
虢 ……………73

交 ……………46
矯 ……………108
巧 ……………116
矩 ……………122
駒 ……………17
驅 ……………64
九 ……………77
求 ……………93
具 ……………101
口 ……………101
舊 ……………103
懼 ……………110
垢 ……………112
國 ……………12
鞠 ……………20
君 ……………31
羣 ……………60
軍 ……………75
郡 ……………77
宮 ……………54
躬 ……………89
勸 ……………84
厥 ……………88
歸 ……………16
貴 ……………41
規 ……………46
鈞 ……………116
極 ……………89
克 ……………26
近 ……………90
根 ……………97
謹 ……………86
琴 ……………115
金 ……………6
禽 ……………55

簡盦集漢簡千字文
간 암 집 한 간 천 자 문

2022年 9月 20日 4쇄 발행

編 著 陳建貢
譯 著 李淸華

발행처 ㈜이화문화출판사

발행인 이 홍 연 · 이 선 화
등록번호 제300-2015-92
주소 서울시 종로구 인사동길 12, 대일빌딩 3층 310호
전화 02-732-7091~3 (도서 주문처)
FAX 02-725-5153
홈페이지 www.makebook.net

값 10,000원